KB152749

성공 예감

재테크 투자

Investment in Financial Technology

Preface

이 책이 내 인생의 마지막 작품이라는 생각에 감회가 새롭다. 쓸까 말까 고민도 했지만 정년이 얼마 남지 않은 시점에 나름대로 흔적을 남기고 싶은 욕심이 생겼다. 그래서 이 책이 평생동안 재테크에 도전할 후학들에게 한 알의 밀알이 되었으면 한다.

대부분의 재테크 책들이 한 분야만을 다루었다면 이 책은 여러 가지 재테크 상품을 종합적으로 다뤘다는 것이 특징이다. 재테크 기초, 금융, 가상 화폐, 주식, 부동산, 채권, 경매, 풍수지리 등 여러 분야를 골고루 다룬 나머지 자칫 깊이가 없을 것으로 생각할 수 있으나 최대한 군더더기는 빼고 핵심 이론과 실전 위주로 집필하려고 노력했다. 이렇게 다양하게 소개하는 것은 재테크는 하나의 투자 상품으로만 하는 것보다 각각의 시장이나 상황에 따라 전략적으로 접근하는 것이 바람직하기 때문이다. 즉 부동산이 침체되면 주식을, 부동산과 주식이 침체되면 채권에 투자하는 식으로 말이다.

과거 아날로그 시대에는 정보를 수집하거나 투자하기 위해서는 일일이 발품을 팔고 기관을 방문하는 등 힘든 부분이 많았지만 이제는 인터넷망과 시스템이 잘 구축되어 재테크를 하기에 너무나 좋은 환경이다. 지금은 인터넷이나 스마트폰을 이용하면 정보 수집부터 의사결정, 투자 행위까지 모든 과정을 아주 쉽게 할 수 있다. 이제 재테크는 선택이 아니라 필수이다.

자본주의 사회에서 돈은 활력(energy)이다. 왜냐하면 저금리 시대의 도래와 물가 상승 등으로 외벌이로는 가계를 꾸리고 자기 계발과 여가 활동을 하기가 녹록지 않다. 그래서 수입 원천을 다양화하는 것이 중요한데 바로 재테크가 제격이다.

그리고 워라벨(work-life balance)을 실현해야 한다. 기대 수명 100세 시대인데 직장인들의 퇴직 나이가 51세이며 재취업은 힘들고 국가에서 지원하는 복지는 아직 부족하다. 결국 노후는 자기 자신이 준비해야 한다. 과거에는 60년을 살면 장수했다고 축하연을 열어주었으나 지금은 100세를 넘기는 사람들이 늘어나고 있다. 이제는 오래 살았다고 자랑할 일만은 아니다. 어떤 삶을 살았느냐, 즉 삶의 질이 중요해졌다.

그렇다면 어떻게 해야 할까? 어느 정도는 각자도생(各自圖生)이다. 돈 버는 데에는 왕도가 없듯이, 시시각각 변해 가는 금융 환경과 각자의 경제적 형편에 맞춰 그때그때 최적의 대안을 찾아 유연하게 대응해야 한다.

재테크 시장은 전쟁터이다. 제로섬(zero-sum) 게임이다. 즉 내가 돈을 벌면 누군가는 돈을 잃는 구조이며 사느냐 죽느냐의 문제이다. 살아남기 위해서는 완전 무장을 해야 한다. 중무장하면 승산이 있다. '힘센 상대방이 나를 봐주겠지!' 하는 감성적인 생각은 금물이다. 탈탈 털린다. 돈은 벌고 싶은데 준비를 하지 않는다는 것은, 다른 사람들은 최첨단 무기로 무장하고 전쟁에 참전하는데 나는 맨주먹으로 싸우겠다고 덤벼드는 것과 같다. 결과는 자명하다.

Preface

　이순신 장군의 명량 해전 승리는 우연이 아니다. 승자선승이후구전(勝者先勝而後求戰), 즉 승자는 먼저 이겨 놓고 나서 전쟁을 한다는 뜻이다. 그만큼 사전에 울돌목의 지형과 시간에 따른 조류 변화 등을 치밀하게 조사하여 철저히 준비한 결과다. 결국 재테크 시장에서 살아남기 위해서는 전문 지식 습득은 물론 합리적인 투자/실전적인 투자 방법을 터득하여 경쟁력을 갖추는 것이 무엇보다 중요하다. 촉으로 한 투자, 한두 번의 행운이 따를지는 모르지만 결국 위험에 빠질 가능성이 크다.

　일확천금, 소위 대박은 없다. 내가 하나를 얻으려면 반드시 그에 상응하는 대가를 치러야 한다. 그것이 자연의 섭리가 아닌가 싶다. 설사 대박이 난들 그것을 지켜낼 '그릇(관리 능력)'이 안 된다면 오히려 패가망신하고 인생이 피폐해진다.

　우리네 삶에는 정답이 없다. 사람마다 타고난 재능과 관심사가 다르다. 산에 올라갈 때 느리게 가느냐 빨리 가느냐 또는 돈을 좇느냐 가치를 좇느냐도 오로지 본인의 선택이다. 중요한 것은 나에게 잘 맞느냐, 내가 잘할 수 있느냐, 그래서 내가 행복한가이다. 그러기 위해서는 자아 정립을 토대로 조절과 통제(과유불급), 균형과 조화를 이루는 삶이 중요하다. 중요한 것은 꺾이지 않는 마음, 즉 '중꺾마'이다. 의지(意志)만 있다면 못 할 것이 없는 게 인간이다.

　돈은 필요한 만큼, 주어진 만큼 벌린다. 욕심은 탐욕을 낳고 탐욕의 끝은

파멸이다. 재테크를 하는 순간에도 왜 재테크를 하는지를 생각하고 인간의 궁극적인 목적은 행복이라는 것을 결코 잊어서는 안된다. 잊는 순간 돈의 노예가 될 수 있다.

　재테크의 성공 비결은 바로 마인드 컨트롤이다. 그리고 투자 덕목 4가지(평정심, 인내심, 냉철함, 실행력)를 지키는 일이다. 재테크 초보자나 산전수전 다 겪은 30년 베테랑이라 할지라도 마찬가지다.

　이 책이 나오기까지 물심양면으로 도움을 주신 한올출판사 임순재 사장님과 최혜숙 실장님을 비롯하여 편집부 직원분들께 진심으로 감사드리며, 원고 정리와 교정을 도와준 큰아들 상두에게 고마운 마음을 전한다.

2023년 7월 20일
남산타워가 내려다보이는 연구실에서 저자 박일순 드림

Contents

Contents

CHAPTER

01

재테크의 기초

CHAPTER
01 재테크의 기초

1 재테크란

재테크란 재무 테크놀로지(financial technology)를 줄인 말이다. 즉 기업이나 개인이 금융, 주식, 부동산, 가상 화폐, 금, 환율 등에 투자하여 수익을 올리는 자산 운용 기법을 말한다. 현  재 재테크 시장은 인터넷의 발 달로 과거보다 참여하기도 쉬 워졌고 정보의 수집, 분석, 활 용이 훨씬 용이해졌다.

게다가 4차 산업 혁명 시 대를 맞이하여 블록체인(block chain)을 기반으로 한 가상 자 산에 대한 투자도 활발하게 이루어지고 있다. 이렇게 금융과 IT의 융합을 통 한 산업 구조 및 금융 서비스 변화를 통칭하여 핀테크(FinTech)라고도 한다.

우리가 재테크를 하는 일차적인 목적은 당연히 자신의 재산을 증식하는 일이지만 이차적으로는 자신의 재산을 위험으로부터 보호하는 것이다.

예를 들면, 우리는 주변에서 가끔 전세로 살고 있던 아파트 세입자가 무일 푼으로 길거리로 쫓겨나는 경우를 본다. 그 이유는 집주인이 은행 빚을 갚지 못해 경매가 진행되었고, 나보다 선순위 채권자가 있어 전세 보증금을 보호

받지 못했기 때문이다. 국민 정서상으로만 보면 이런 경우에는 당연히 국가에서 보호해줘야 한다. 그러나 안타깝게도 법이 보호해주지 않는다. 여기에는 사회적 비용이 발생하기 때문이다. 그래서 전세를 들어가기 전에는 아파트 담보 대출이 얼마나 있는지, 나중에 문제가 생겼을 때 전세금을 돌려받을 수 있는지 등의 권리 문제를 꼼꼼히 따져봐야 한다.

지금 전 세계 경제는 선진국을 중심으로 성장률, 금리, 물가가 제로(0)에 가까운 제로 이코노미 시대로 치닫고 있어 자산 관리에 어려움을 겪고 있다. 우리나라도 선진국에 진입했지만, 외벌이 수입만으로는 먹고 살기 어렵게 되었다. 따라서 제로 이코노미 시대에는 금융 및 투자를 이해하고 활용하는 금융 리터러시(literacy: 이해력)가 중요하다.

우리나라의 금융 시장도 점점 복잡해지고 있다. 이에 발맞춰 금융 교육의 중요성이 커지고 있다. 금융 선진국들은 어린이부터 노인까지 다양한 연령대와 계층을 상대로 맞춤형 금융 교육을 시작한다. 정규 교육 과정에서 금융 교육을 의무화하거나 파생 상품과 같은 복잡한 상품을 가르치기도 한다. 이것은 실제 생활에 필요한 금전 계획, 지출 방법, 투자 방법, 노후 설계까지 아우르는 토털 서비스 개념이다. 따라서 금융에 대한 이해력을 높이고 합리적인 투자로 자신의 재산을 증식하고 보호할 수 있는 재테크 교육은 필수적이다.

좀 더 본질적인 측면에서 살펴보면 인간의 궁극적인 목적은 행복이다. 재산 증식과 행복은 직접적인 상관관계가 없는 것처럼 보이지만, 자본주의 사회에서 돈이란 활력(energy)이다. 지나친 욕심은 금물이지만 어느 정도 가계를 꾸려나가고 자기 계발과 여가 활동을 할 수 있을 정도의 돈은 누구에게나 필요하다. 돈이 없으면 선택의 기로에서 주저하거나 제한된 선택을 할 수밖에 없기 때문이다.

특히 요즘 젊은 세대들은 재테크에 관심이 많다. 가상 화폐 같은 위험 상품에도 관심이 뜨겁다. 그만큼 돈을 빨리 벌어야겠다는 생각, 일(work)과 삶(life)의

일과 삶의 균형

©www.hanol.co.kr

균형(balance)을 통해 삶의 질을 높이려는 욕구가 강하다. 바람직한 현상이다. 그러나 재테크를 제대로 이해하지 않고 묻지마식 투자를 하는 것은 금물이다.

결론적으로 우리는 궁극적인 목적인 행복한 삶을 영위하기 위한 수단으로 재테크를 해야 한다. 돈만 좇는 재테크는 삶을 피폐하게 만들기 때문에 극히 경계해야 한다. 그리고 SNS, 인스타그램을 통한 플렉스(flex) 문화에 너무 심취하지 말자. 그것은 하나의 현상일 뿐이다. 삶의 본질에 충실한 것이 훨씬 더

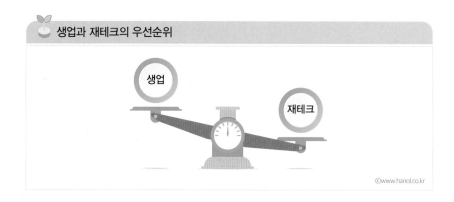

생업과 재테크의 우선순위

생업

재테크

©www.hanol.co.kr

소중하고 값지다. 자신이 필요한 만큼, 주어진 만큼만 벌겠다는 마음가짐으로 재테크를 한다면 장기적으로 돈도 벌고 삶의 질도 향상될 것으로 확신한다.

② 재테크의 유형

재테크는 투자 수익을 낼 수 있는 모든 상품을 포함하며 몇 가지 유형이 있다.

첫째, 가장 기본적인 상품으로 재테크 시드 머니(seed money, 종잣돈)를 마련할 때나 재테크 시장이 불확실할 때 전략적으로 투자하는 금융이 있다. 둘째, 산업화 시대에 부동산 개발 붐에 힘입어 높은 수익률을 가져다준 전통적인 투자 상품인 부동산이 있다. 부동산은 실제 실물이 있어 가장 안전한 상품이다. 셋째, 금융 산업의 성장으로 시장 규모가 갈수록 커지고 있는 고위험 고수익(high risk high return!) 상품인 주식이 있다. 주식에서 위험 관리는 필수이다. 이외에도 안전 자산인 금을 비롯해서 펀드 매니저에게 투자를 위탁하는 펀드, 주식보다 안전한 국공채 등의 채권, 보험, 신용카드, 환율 등 수없이 많다.

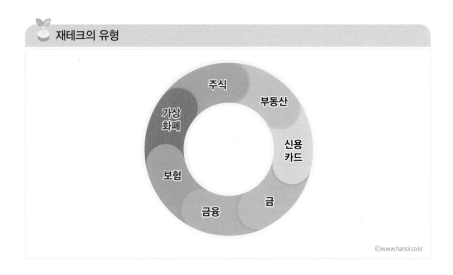

재테크의 유형

©www.hanol.co.kr

나아가 미래에 성장이 가장 기대되면서도 아직은 위험 요소가 많은 가상 화폐도 투자 시장을 뜨겁게 달구고 있다. 가상 화폐가 지금은 제도권 밖에 있고 합법도 불법도 아닌 무법 지대에 있지만 법과 제도가 정비되어 지금보다 안전한 시스템이 구축된다면 미래의 가장 대표적인 투자 상품이 될 것이다.

③ 투자 배분의 3요소

장기적으로 투자에 성공하기 위해서는 반드시 투자 배분의 3요소(안전성, 수익성, 환금성)를 고려해서 투자해야 한다. 이것은 재테크를 처음 시작하는 사람이든 산전수전 다 겪은 30년 경력의 고수이든 반드시 지켜야 할 원칙이다.

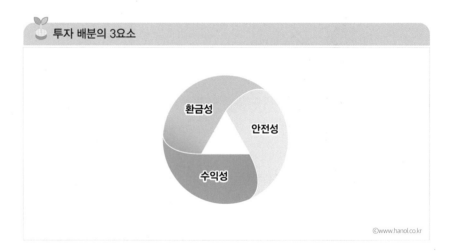

투자 배분의 3요소

환금성 · 안전성 · 수익성

©www.hanol.co.kr

(1) 안전성

안전성은 재테크를 할 때 생기는 위험의 정도가 얼마나 되는지, 즉 투자 원금의 손실 정도를 말한다. 얼마나 안전한지, 원금이나 이자는 떼일 염려 없는지 등을 반드시 살펴야 한다. 아무리 큰 수익이 기대된다 하더라도 투자 원금이 손상될 가능성이 큰 투자는 바람직한 투자가 아니다.

(2) 수익성

수익성은 재테크할 때 얻게 되는 금전적인 이득을 말한다. 즉 미래의 어느 시점에 예상되는 기대 수익 또는 수익률이다. 다른 조건이 같다면 수익률이 높은 상품을 선택하는 것이 좋겠지만 수익성과 안전성은 서로 상충되는 경우가 많다. 특히 고수익 재테크 상품의 경우에는 기대 수익, 위험의 크기 등 수익률에 실질적인 영향을 미치는 요인들을 정확히 이해할 필요가 있다. 금융, 부동산의 경우에는 수익에 영향을 미치는 요소들을 모두 반영한 순수익을 기준으로 선택해야 한다.(총이익-필요 경비-세금=순이익) 또한 정권이 바뀔 때마다 특별 우대 금리가 적용되는 한시 판매 특화 상품이나 세제 혜택을 주는 부동산 상품이 나온다. 그러므로 평소에 정부 정책이나 시장 상황을 예의 주시할 필요가 있다.

(3) 환금성

환금성은 투자 자금을 회수하고 싶을 때 원금의 손실 없이 얼마나 빨리 현금화할 수 있느냐를 말한다. 우리나라 대표적인 재테크 상품인 부동산, 주식, 금융을 투자 배분의 3요소를 고려하여 비교하면 다음과 같다.

재테크 상품의 상대적 비교

구 분	부동산	주 식	금 융
안전성	○	×	○
수익성	○	○	×
환금성	×	○	○

보통 수익성이 낮은 금융 상품은 부동산과 주식에 비해 안전성과 환금성은 아주 좋으나 수익성은 크게 떨어진다. 1년 이상인 장기 저축성 예금이나

채권 등은 중도 해지나 환매에 따른 불이익이 커 환금성이 떨어진다. 그러나 최근에는 정기 예금이라도 기간이 짧거나 중도 해지에 따른 불이익이 없는 맞춤형 정기 예금 상품도 출시되므로 이를 골라 가입하는 지혜가 필요하다.

부동산은 주식에 비해 안전성이 좋고 금융에 비해 수익성은 좋으나 주식이나 금융에 비해 환금성은 크게 떨어진다. 부동산 중에서는 그나마 아파트가 환금성이 제일 좋지만, 임야 등은 가격 변동이 거의 없어 이러한 특성을 고려해서 투자해야 한다.

주식은 금융에 비해 수익성이 좋고 부동산에 비해 환금성은 좋으나 그 둘에 비해 안전성은 크게 떨어진다. 투자 수익도 중요하지만 위험 관리가 절대적으로 필요한 상품이다.

4 포트폴리오

포트폴리오(portfolio)는 투자 설계를 할 때 반드시 투자 배분의 3요소(안전성, 수익성, 환금성)를 고려하여 어느 자산에 얼마를 투자할 것인가를 결정하는 방법이다.

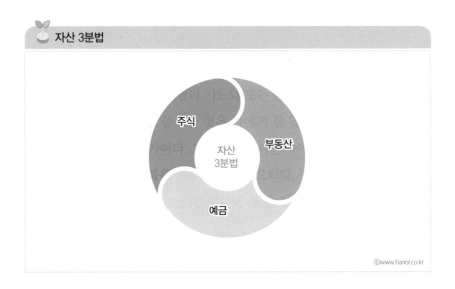

자산 3분법

주식 / 부동산 / 예금 / 자산 3분법

©www.hanol.co.kr

즉 여러 개의 자산에 분산 투자하여 하나에 올인했을 때 발생할 수 있는 불확실성을 제거하여 분산된 자산으로부터 안정된 수익을 얻는 자산 관리 기법이다.

"달걀은 한 바구니에 담지 않는다."는 격언이 있다. 이는 특정 상품에 올인했을 때 큰 수익을 얻을 수도 있지만 그만큼 큰 위험에 빠질 수도 있기 때문에 분산 투자를 해야한다는 말이다. 장기 투자 관점에서 보면 위험의 크기가 같다면 기대 수익이 유리한 상품을 선택하고 기대 수익이 같다면 위험이 적은 상품을 선택하는 것이 바람직하다.

💡 예시 1   1억 원을 재테크 상품에 투자할 경우

- 부동산 5천만 원(50%), 주식 2천만 원(20%), 채권 2천만 원(20%), 기타 1천만 원(10%)

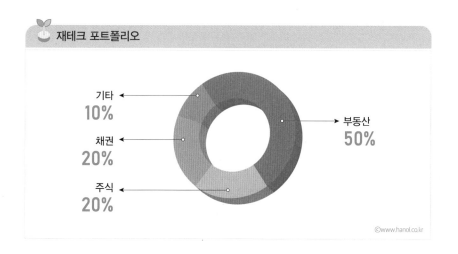

재테크 포트폴리오

기타 10%
채권 20%
주식 20%
부동산 50%

©www.hanol.co.kr

💡 예시 2   1천만 원을 주식에 투자할 경우

- 코스피 우량 종목 5백만 원(50%), 코스닥 우량 종목 3백만 원(30%), 벤처 종목 1백만 원(10%), 기타 1백만 원(10%)

주식 투자 포트폴리오

기타
10%

코스닥(벤처)
10%

코스닥(우량)
30%

코스피(우량)
50%

©www.hanol.co.kr

5 체계적 위험과 비체계적 위험

체계적 위험은 모든 경제 주체들에게 동일하게 작용하는 위험을 말한다. 즉 재테크할 때 투자자 개인의 노력으로 극복하기 어려운 위험을 체계적 위험(systematic risk)이라고 한다. 또는 산업 전체의 활동이나 주식 시장에 영향을 주는 요인을 말한다. 투자 이론에서는 베타 계수(증권 시장 전체의 변동에 대한 개별 자산의 수익률 민감도)라고 하는데 주식 시장 전반에 영향을 미치는 요인에 의해 발

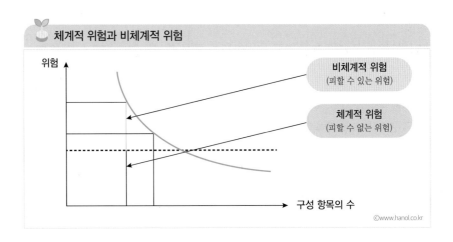

체계적 위험과 비체계적 위험

위험

비체계적 위험
(피할 수 있는 위험)

체계적 위험
(피할 수 없는 위험)

구성 항목의 수

©www.hanol.co.kr

생하는 투자 위험을 말한다. 이는 주식 시장에 영향을 미치는 거시적 측면의 정치, 경제, 사회, 문화 등이 체계적 위험의 원천이며 체계적 위험이 큰 종목은 시장의 움직임에 민감하게 반응한다. 체계적 위험은 주식 시장 전반에 관한 위험이기 때문에 개인의 노력(분산 투자 또는 헤지)으로 감소시키기 힘들다. 예를 들면, 시장 전체가 직면하는 위험인 통화 팽창, 시장 수급, 경기 변동, 경상 수지, 이자율 변동 및 정치, 경제 등 거시적 요인들이다.

반면에 비체계적 위험(unsystematic risk)은 전체적인 경기 동향과는 관계없이 일부 기업에 개별적으로 영향을 주는 위험을 말한다. 그러므로 개인의 노력(분산 투자 또는 헤지)으로 얼마든지 위험을 피할 수 있다. 예를 들면, 근로자의 파업, 경영의 실패, 신제품 개발, 소비자 기호 변화, 소송 등과 같이 경기 동향과는 관계없이 특정 기업에 개별적으로 영향을 미치는 미시적 요인들이다.

만약 A사가 신제품을 출시했지만 시장의 반응이 좋지 않아 실패할 가능성이 높다면 앞으로 경영 성과가 호전될 것으로 기대되는 경쟁사(B사)의 주식에 투자해야 한다.

6 투자 가치와 가격 결정

(1) 투자 가치

재테크의 원리는 의외로 간단하다. 가치 있는 재테크 상품을 싸게 사서 가격이 올랐을 때 비싸게 팔면 된다.

그러면 가치란 무엇인가? 가치는 어떤 재화를 구매하는 데 느끼는 필요성과 효용성이다. 경제학에서 가치를 많이 창출한다는 것은 어떤 상품을 사려는 사람이 많다는 것을 의미한다. 예를 들면, 기업은 자금 조달의 목적으로 주식을 발행한다. 안전하고 돈 잘 버는 회사에서 사업을 확장하기 위해 주식을 발행한다면 누구나 그 회사에 투자하고 싶을 것이다.

　　기업의 가치를 구성하는 요소는 안전 가치(순자산), 성장 가치, 수익 가치와 무형의 가치가 있다. 사실 기업의 가치는 3가지 요소가 모두 중요하다. 그러나 주식 투자에 있어서는 좀 다르다. 현재 안전하고 수익이 많이 나는 기업이라면 이미 주가에 반영되어 가격이 비쌀 것이기 때문에 미래 가치인 성장 가능성에 더 관심을 가져야 한다. 어쨌든 투자자들은 자신의 성향에 따라 어느 것이 더 중요한지 우선순위를 살펴 자산 가치형 투자를 할 것인지, 성장 가치형 투자를 할 것인지, 수익 가치형 투자를 할 것인지를 판단해야 한다.

　　과거 주식은 그저 하루하루 시세가 변동하는 투기 대상으로만 보았다. 그러나 가치 투자의 창시자 벤저민 그레이엄(Benjamin Graham)은 "주식의 가격은 회사의 가치와 관계가 있는데 회사의 가치는 회사가 벌어들이는 수익과 회사가 가지고 있는 순자산 가치다."라고 주장했다. 이후 수많은 가치 투자 추종자들이 생겨났고 주가는 기업의 가치를 반영하는 것이라고 믿는 투자자들이 크게 늘어났다.

　　가치 투자자들은 장기적인 관점에서 우량 기업의 주식에 투자하는 경우가 많다. 가치 투자에 있어서 가장 중요한 것은 기업의 가치와 현재 주가와의 괴리율인데, 괴리율(목표 주가와 현재 주가의 차이를 현재 주가로 나눈 값)이 크면 클수록 수익의 가능성이 커지기 때문에 가치 투자자에게는 중요한 판단 기준이 된다.

　　한편, 가격은 제품이 지니고 있는 가치를 돈으로 환산한 것이다. 가격은 교환을 떠나서는 존재할 수 없다. 그렇기 때문에 상품을 구입할 때 지불하는 화폐의 교환 비율이라고 할 수 있다. 예를 들면, 내가 스마트 폰을 구입하고 그 대가로 돈을 지불하면 재화와 화폐를 교환한 것이다. 가격은 시장에서 구입할 수 있는 상품에만 있는 것이 아니라 임금이나 이자에 의해 보수를 받고, 고용 또는 임대되는 노동이나 자본과 같은 넓은 뜻의 상품에 대해서도 존재한다. 이와 같이 그 사회의 법률, 관습, 제도 등에 의하여 소유와 교환이 허용되고 있는 모든 것에 대하여 가격은 정해진다.

(2) 가격 결정

알프레드 마셜(Alfred Marshall)은 재화의 가격은 그 재화에 대한 소비자의 수요와 생산자의 공급에 의하여 결정된다고 주장했다.

마셜은 수요 공급의 법칙에서 가격은 마치 가위의 윗날과 아랫날이 함께 작용하여 종이를 자르듯이 소비자의 수요와 생산자의 공급이 상호 작용하여 결정된다고 보았다. 예를 들면, 시장에서 수요가 공급보다 많으면(수요〉공급) 사람들은 높은 가격을 주고라도 그 상품을 구매하고자 하기 때문에 가격은 상승한다. 그러나 가격이 상승하면 가격에 부담을 느낀 사람들이 구매를 미루거나 포기하여 수요는 감소하고 시장에 물량 부족 현상은 해소되거나 남아돌게 된다.

반면에 공급이 수요보다 많으면(수요〈공급) 공급 물량이 과잉되어 기업들은 낮은 가격에라도 그 재화를 팔고자 하므로 가격은 하락한다. 가격의 하락은 수요를 다시 증대시키고 공급량을 감소시키므로 결국 시장 가격은 균형점을 찾게 된다. 가치와 가격의 상관관계 그리고 가격 결정의 과정을 이해하고 재

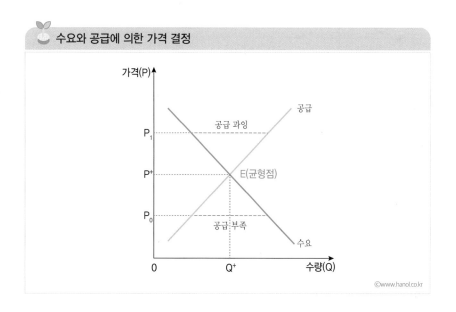

수요와 공급에 의한 가격 결정

테크 상품의 순환 주기(고점, 저점/상승, 하락/수요, 공급)에서 나타나는 특징들을 살펴보면 어느 정도 투자 시점을 판단할 수 있다.

7 투자 덕목 4가지

재테크에 성공하기 위해서는 재테크 상품에 대한 기본 지식뿐만 아니라 자신의 마음을 통제할 수 있는 투자 덕목이 절대적으로 필요하다. 기초 공사가 튼튼해야 지속 성장이 가능하고 위험을 관리할 수 있다.

"순간의 선택이 10년을 좌우한다."는 광고가 있었다. 재테크 시장도 변동성이 크기 때문에 조금만 방심해도 큰 손실을 볼 수 있다. 끝없는 욕심과 탐욕으로 마음이 조급해지고 불안하여 잘못된 판단을 하는 경우가 많다. 어느 정도의 욕심은 자극이 될 수 있지만 지나친 탐욕(나의 능력 밖)은 우리의 심신을 피폐하게 만들고 삶의 질을 크게 떨어트린다.

재테크에는 왕도가 없지만, 딱히 성공 비법도 없다. 성공에 필요한 것은 자금도 아니요 정보력도 아니요 분석력도 아니다. 20~30년 동안 재테크하면서 수많은 우여곡절(천당과 지옥 경험)을 겪은 사람들이 한결같이 말하는 성공 비결은 바로 자신의 마음을 다스리는 일이다. 즉 마인드 컨트롤(mind control)이 무엇

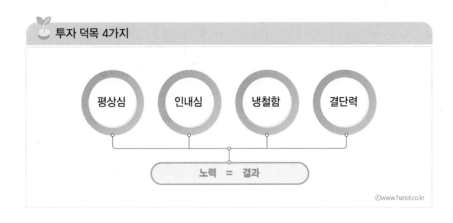

투자 덕목 4가지

평상심 　 인내심 　 냉철함 　 결단력

노력 = 결과

©www.hanol.co.kr

보다 중요하다는 것이다. 필자는 이를 근간으로 다음과 같은 투자 덕목 4가지를 제시한다.

(1) 평정심

평정심은 어떠한 상황에서도 마음이 동요되지 않고 평상시의 평온한 감정 상태를 유지하는 것을 말한다. 사람은 어떤 혼란한 상황에 직면하면 마음이 동요되고 정신 활동의 균형이 깨지기 쉽다. 그렇기 때문에 결정하는 순간 또는 결정한 이후에도 마음이 심란하거나 요동친다.그러므로 재테크할 때 마음의 동요 없이 대담하게, 또 한쪽으로 치우치지 않고 어떤 상황에서도 언제든지 침착하게 대응  할 수 있는 마음가짐과 자세가 필요하다. 특히 다른 투자 상품에 비해 위험성이 큰 주식이나 가상 화폐에 투자할 경우 시장 상황이나 가격 변동에 따라 마음이 요동칠 수 있어 극히 주의해야 한다.

(2) 인내심

인내심의 사전적 정의는 괴로움이나 어려움을 참고 견디는 마음이다. 재테크에서는 오래 참는 것이 능사는 아니다. 주식 매수 기회가 올 때까지 기다리는 마음(저점 또는 상승 초기), 매수했다면 충분히 수익이 날 때까지 기다리는 마음(고점 또는 어깨)이 인내심이다. 예를 들면, "무릎에서 사서 어깨에서 팔아라."라는 주식 격언이 있다. 이 말은 주식 투자를 할 때 바닥을 다지고(저점 확인) 상승하기 시작하면 그때(무릎) 매수하고, 머리 꼭대기에서 팔려고 너무 욕심 부리

지 말고 어깨 정도까지 올라왔을 때 팔라는 의미이다. 사과도 익기 시작하자마자 따먹으면 신맛이 나고 떫다. 어느 정도 빨갛게 익었을 때 따먹어야 보기도 좋고 맛도 좋다. 너무 익으면 오히려 신선도와 맛이 떨어진다.

(3) 냉철함

재테크는 감성보다는 이성으로 판단해야 한다. 즉 논리적, 객관적, 이성적, 합리적 의사 결정을 바탕으로 해야 한다. 이는 투자 결정을 할 때 너무 자신의 주관적 판단이나 직관에 의존하지 말아야 한다는 의미이다. 즉 촉이 좋다, 촉이 나쁘다는 식으로 감정에 치우쳐 판단하지 말고 시장 상황이나 기업의 가치를 객관적 자료(정보, 재무제표, 지표 등)를 근거로 분석하고 냉정하게 판단해야 한다.

좋은 기업들은 이미 주가가 많이 올라 있다. 즉, 현재의 주가에는 기업의 경영 상태, 기술력 등은 물론 무형의 가치들도 대부분 반영된 상태이기 때문에 향후 상승 여력에 집중해야 한다.

(4) 결단력

결단력은 결정적인 판단을 하거나 단호하게 실행하는 것을 말한다. 아무리 훌륭한 판단을 했다 하더라도 실행하지 않으면 아무런 의미가 없다. 여러 가지 정보를 바탕으로 분석한 결과 확신이 서면 과감하게 실행하라. 재테크는 배포가 좀 두둑해야 한다.

결론적으로 재테크에 성공하기 위해서는 기본 지식도 중요하지만 나중에는 투자 덕목이 더 중요하게 작용한다. 투자 덕목은 투자 기본 지식과 달리 짧은 시간에 학습한다고 되는 것이 아니라 평소에 이런 마인드로 생활하려는 노력이 절대적으로 필요하다.

8 경제와 재테크

(1) 경제 주체 간의 상호 작용

오늘날 글로벌 경제는 가계, 기업, 정부, 해외라는 경제 주체들이 상호 작용하면서 생산과 분배, 소비 과정이 반복되고 각자 맡은 역할을 충실히 수행하고 협력함으로써 원활하게 순환하는 것이다.

금융 시장은 경제 주체들이 상호 작용하는 데 있어서 플랫폼(platform)과 같은 역할을 한다. 따라서 실물 시장과 더불어 자본주의 경제의 핵심이다. 예를 들면, 금융 시장은 가계와 기업이 만나서 자금과 금융 상품이 거래되는 장소이고, 실물 시장은 기업이 생산한 제품이나 서비스와 소비의 주체인 가계가 만나서 자금과 제품이 교환되는 곳이다. 따라서 금융 시장이 없다면 경제 주체들 간의 상호 작용은 원활하게 작동되기 힘들다.

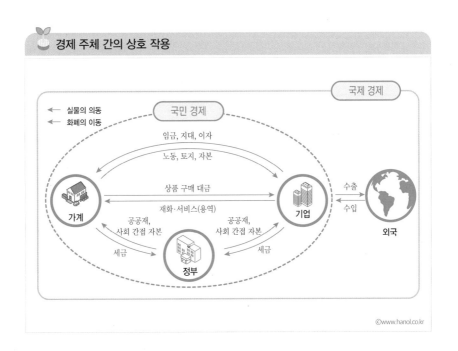

경제 주체 간의 상호 작용

경제 주체들 간의 상호 작용은 다음과 같다.

첫째, 가계(개인)가 돈을 은행에 저축하면 은행은 그 자금을 사용하는 대가로 개인에게 이자를 지급한다. 은행은 그 자금을 필요로 하는 가계나 기업, 정부에게 대여해줌으로써 신규 투자 활동을 가능하게 하고 그 대가로 이자를 받는다. 만약, 개인과 기업이 은행을 통하지 않고 직접 만나서 금융 거래를 한다면 나중에 자금을 회수하는 데 어려움이 있다. 또한 개인과 기업이 직접 금융 거래를 하면 거래 장소나 방법이 마땅치 않다. 상대방이 상환 능력이 있는지 없는지를 파악하기도 힘들다. 따라서 은행을 통해서 거래하면 안전하고 비용도 절감된다.

둘째, 기업은 제품을 생산하여 판매하고 그 대금을 회수하여 분배하는 기능이 있다. 가계의 소득이 증가하면 기업에서 공급하는 제품이나 서비스를 가계에서 더 구매하게 되어 기업의 매출이나 이익이 증가한다. 또한 기업의 생산량이 늘어남으로써 일할 사람을 고용하는 고용 증대 효과도 나타난다.

낙수 효과

분수 효과

따라서 가계의 소비가 꾸준히 증가한다는 것은 그만큼 국가 경제가 잘 운영되고 있다는 방증이므로 국가의 경제 상황을 판단하는 중요한 지표가 된다.

셋째, 정부는 경제 활동에 관련된 법이나 규칙을 만들어 시장 경제 질서를 유지하는 역할을 한다. 또한 거둬들인 세금으로 예산을 확보하여 공공재와 사회 간접 자본을 공급하며 이를 운영하는 과정에서 재화와 서비스를 소비한다. 이렇게 되면 기업은 정부의 지원 정책으로 생산이나 투자를 늘이고, 가계는 소득 증대로 생활이 안정된다. 즉 경기가 선순환하게 된다.

궁극적으로 정부의 목표는 가계와 기업이 원활하게 경제 활동을 할 수 있도록 여러 가지 지원 정책, 금융 정책 등을 수립하여 국민 경제를 안정적으로 운영하는 것이다. 이에 정부는 경제 상황에 따라 낙수 효과, 분수 효과 같은 경제 정책을 시행하기도 한다.

낙수효과(trickle-down effect)는 정부가 투자 증대를 통해 대기업과 부유층의 부(富)를 먼저 늘려주면 경기가 부양되어 결국 중소기업과 저소득층에 혜택이 돌아간다는 이론이다. 나아가 총체적인 국가의 경기를 자극해 경제 발전

과 국민 복지가 향상되는 것이다. 분수 효과(trickle-up effect)는 낙수 효과의 정반대이다. 정부가 저소득층이나 소비 계층(가계)을 먼저 지원하면 소비가 활성화되어 기업의 매출이 증가되고 적극적인 투자 활동으로 경제 전체에 이득이 돌아간다는 것이다. 그러나 정부가 정책을 수립할 때 단면보다는 다각적인 측면을 고려하여 수립해야 한다. 그렇지 않으면 문제의 본질이나 상황과 다르게 오히려 역효과가 나거나 다른 부문과 충돌해 풍선 효과(balloon effect)가 나타날 수 있다.

(2) 경기 순환과 재테크

경기 순환과 재테크는 아주 밀접한 관련이 있다. 그러므로 이를 고려하여 투자 시점을 결정하는 것이 바람직하다. 자본주의 경제는 경제 활동이 활발한 활황기와 침체하는 불경기가 반복해서 나타난다. 이렇게 경제 활동이 어느 정도 규칙적으로 확장과 수축을 반복하는 현상을 경기 순환이라고 한다. 경기 순환은 일정한 주기를 두고 나타나는데 경기가 가장 낮은 상태인 저점(低點)에서 가장 높은 상태인 정점(頂點)까지 올라가는 것을 확장 국면(불황기 → 회복기 → 호황기), 정점에서 저점까지 내려가는 것을 수축 국면(호황기 → 후퇴기 → 불황기)이라고 한다.

경기 순환 과정은 다음과 같다.

경기가 불황이면 정부는 반드시 부양책을 내놓는다. 그러면 경기가 서서히 회복하기 시작하여 호황기에 이르게 된다. 경기가 호황이면 물가 상승 등의 압력이 가중되는데, 그러면 정부에서는 시장의 자금을 회수하는 정책을 내놓게 되고 경기는 다시 후퇴하기 시작하여 침체한다. 따라서 경기 순환 과정은 경기 변동을 알 수 있는 곡선이며 일반적으로 4가지(V자형, U자형, W자형, L자형) 유형으로 나타난다.

V자형은 경기가 급격하게 하락했다가 단기간에 빠른 속도로 원상 회복되

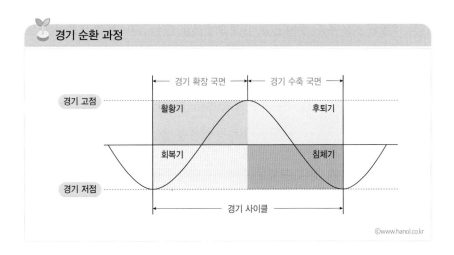

경기 순환 과정

©www.hanol.co.kr

는 경우이고, U자형은 경기가 침체되어 저점에 도달한 후에도 바로 회복되지 않고 한동안 저점에서 침체 상태로 있다가 서서히 회복되는 경우를 말한다. W자형은 경기가 침체되어 저점에 도달했다가 잠시 회복되었다가 다시 침체에 빠지는 이중 침체 현상이다. 이는 경기 침체 후 급반등한 경기가 재급락하는 식의 위기가 지속되는 상태이다. 이런 현상을 더블 딥(double dip)이라고 한다. L자형은 경기가 하락하여 저점에서 한동안 침체가 지속되어 회복의 기미가 보이지 않는 상태이다. 장기적인 불황 조짐이다.

(3) 경기 순환의 주기별 특징

❶ 불황기

불황기는 경제 활동이 침체된 시기로 경기 순환 과정 중에서 가장 안 좋은 시기이다. 이 시기에는 기업의 생산과 매출, 이익이 감소하고, 경영 악화로 인해 실직하는 사람들이 늘어나며 심지어 도산하는 기업도 나타난다. 또한 가계는 가처분 소득(총소득 - 필요 경비 =)이 감소하고 미래에 대한 경기 불안으로 소비를 미루거나 포기한다.

 Tip

가처분 소득

가처분 소득이란 국민 소득 중 가계가 임의로 처분이 가능한 소득을 말한다. 가계가 일정 기간 획득한 소득 중 각종 세금과 개인의 이자 지급 등의 세외 부담을 제외하고 사회 보장금이나 연금과 같은 이전 소득을 보탠 것으로, 언제든 자유롭게 소비나 저축에 사용할 수 있는 소득이다. 가계는 가처분 소득을 토대로 소비와 저축에 관한 의사 결정을 하게 된다.

소비와 저축에 관한 가계의 의사 결정이 중요한 것은 소비의 크기에 따라 내수 크기를 알 수 있어 경기가 활성화될 것인지 침체될 것인지를 가늠할 수 있으며, 저축의 크기에 따라 투자가 증대할지 아니면 위축될지를 판단할 수 있기 때문이다. 특히 소비 수요와 투자 수요는 한 나라의 경기를 가늠해 주기 때문에 기업들은 물론 정책 당국자에게도 중요한 지침이 된다. 가처분 소득은 국민 경제에서 소득 분배의 평등 정도를 측정하는 기초 자료로 쓰이기도 한다.

출처: 네이버-대한민국정부, 기획재정부(http://www.korea.go.kr)

❷ 회복기

경기가 침체되면 정부는 반드시 경기 부양책을 내놓는다. 그러면 경기가 서서히 활기를 띠기 시작한다. 경기 부양책은 사람이 몸이 아파 쓰러지면 기력을 찾기 위해 '링거(ringer)'를 맞는 것과 같은 이치다. 이 시기가 투자 적기(適期)이다.

경기 회복의 징조는 금융 시장에서 가장 먼저 나타난다. 정부가 은행을 통해 시중에 돈을 풀기 시작하면 시중에는 유동성 자금이 풍부해지고 개인과 기업은 저리로 대출을 받아 재테크와 생산 설비에 투자하기 시작한다.

❸ 활황기

경제 활동이 가장 활발한 시기이다. 가계는 소득이 증가하여 소비가 늘어나는데, 이는 기업의 생산과 매출, 이익 증가로 이어져 설비 투자도 확대된다. 따라서 이 시기에는 가계의 소득 증가, 기업의 고용 창출 같은 긍정적인 효과가 크게 나타난다.

　경기 활황이 지속되면 서서히 경기가 과열되어 물가는 상승하고 수출은 감소한다. 이때가 재테크 시장의 최대 호황이다. 이미 투자한 사람은 서서히 처분하기 시작하고 투자하려던 사람은 조정 기회를 기다려야 한다.

❹ 쇠퇴기

　활황기에서 물가 상승 등의 부담으로 정부는 시중 자금을 회수하는 정책을 펴게 되고 경제 활동은 서서히 둔화되기 시작한다. 기업은 경기가 좋을 때 확대한 생산 설비로 인해 생산은 과잉되고 매출은 감소하며 재고는 증가한다. 또한 소비와 투자는 감소하여 물가는 하락한다. 그러나 이때에도 늘 재테크 시장을 관찰하면서 결정적 투자 시점(경기 부양 직전)을 노린다.

(4) 경기 변동에 대한 대응

　경기의 흐름은 재테크와 직결된다. 즉 경기가 좋아지면 재테크 시장도 좋아지고 경기가 나빠지면 재테크 시장도 나빠진다. 다만 주가는 경기의 흐름을 3~6개월 시차를 두고 쫓아가는 형국이다. 재테크는 경제 흐름을 예측할 수만 있어도 절반은 성공이다.

　경기는 재테크 시장에 직접적인 영향을 주기 때문에 투자를 결정할 때 반드시 이를 고려해야 한다. 경기가 장기간 침체되었다가 상승 전환하는 시점이 투자 적기이며, 이때 투자하면 큰 수익을 기대할 수 있다. 그러나 경기가 크게 하락하면 재테크 시장도 폭락하여 공포에 휩싸이게 되는데, 투자자는 이를 극복하는 것이 관건이다.

　한편, 경기가 불황에서 서서히 회복하기 시작하면 선순환으로 이어지는 경향이 있고, 반대로 활황에서 쇠퇴하기 시작하면 악순환으로 이어지는 경향이 있다. 따라서 이러한 시장의 모든 변동 요인과 경기 순환 주기의 특징을 고려하여 대응하는 것이 현명하다.

• **경기의 선순환** 경기 불황 시에 정부는 경기 부양책의 일환으로 재정 지출 확대, 금리와 세율 인하 등의 정책으로 소비와 투자 증대 등을 통해 경기 활성화를 모색한다.

가계의 소득 증가 → 기업의 매출과 이익 증가 → 고용 증가 → 은행 건전화 → 국가 경기 호황

• **경기의 악순환** 경기가 과열되면 정부가 출구 전략의 일환으로 시중 자금을 회수하기 시작하는데, 정부는 재정 지출 축소, 금리와 세율 인상 등의 정책으로 소비와 투자 억제 등을 통해 경기를 진정시킨다.

가계의 소득 감소 → 기업의 매출과 이익 감소 → 고용 감소 → 은행 부실화 → 국가 경기 불황

9 합리적인 투자 결정

(1) 합리적인 투자 결정이란

사람들은 의사 결정을 할 때 경제적 합리성 모델을 바탕으로 한다. 즉 최소의 투입(비용)으로 최대의 효과(산출)를 얻으려는 방향으로 결정한다. 여러 가지 투자 상품 중에서 자신이 투자(투자금, 시간, 노력, 비용)한 것을 최대한 보상받을 수 있는 상품을 선택한다. 그리고 성공 가능성, 위험성 등을 비교 평가해서 최종적으로 결정한다.

합리성은 일반적으로 논리(論理, logic) 또는 이성(理性, reason)에 적합한가를 나타내는 개념이지만 사회 과학에서는 어떤 행위가 궁극적 목표 달성의 최적 수단이 되느냐의 여부를 가리는 개념으로 사용되고 있다. 사이먼(H. A. Simon)

은 합리성의 개념을 실질적 합리성과 절차적 합리성으로 나누었다. 실질적 합리성은 목표에 비추어 얼마나 적합한 행동이 선택되었는지, 절차적 합리성은 결정 과정에 객관적인 근거가 있는지 등을 말한다.

재테크 시장 참여자들은 돈을 벌기 위해 모이는 것이다. 재테크 시장은 한마디로 전쟁터나 마찬가지다. 전쟁에서 승리하기 위해서는 사전에 철저한 전략을 세우고 전쟁에 임해야 한다.

이순신 장군은 명량에서 울돌목의 특성을 이용하여 13척의 배로 133척의 일본 배를 물리쳤다. 비결은 무엇일까? 우연한 승리일까? 절대 아니다. 선승이후구전(先勝而後求戰), 승리하는 군대는 먼저 이겨 놓은 다음에 싸우며, 패배하는 군대는 먼저 싸우자고 달려든 다음에 승리를 구하려 한다는 뜻이다. 선승(先勝)이란 정확한 전략과 전술, 환경과 상황에 맞는 계획과 준비를 전제로 한다. 이순신 장군은 울돌목의 특성(좁은 바닷길, 빠른 물살, 밀물과 썰물이 6시간마다 교차하며 하루에 4번 물의 흐름이 바뀜)을 철저히 분석하고 어부들의 경험(정보)을 듣고 어느 시점과 지점에서 싸워야 승산이 있는지를 확신하고 나서야 전쟁에 임했다.

투자 전략도 마찬가지이다. 철저히 준비하지 않으면 필패(必敗)이다. 먼저 개인적 특성과 여건을 파악한 후 거시적인 측면에서 재테크 시장과 경제 흐름을 분석한다. 그리고 기업과 관련된 정보를 수집·분석해서 투자에 대한 확신을 높이고 위험을 줄이는 노력을 끊임없이 해나가야 한다.

재테크 투자의 탐색 모형

요 인	특성/환경 분석	고려 사항
개인적 요인	자신의 특성 분석 (객관적 평가 + 주관적 평가)	투자 성향, 전문 지식, 경험, 능력
환경적 요인	경제적/사회적 여건 분석	직업, 투자금, 직종 등 여건
재테크 시장 이해	거시, 미시 환경 분석	경제 분석(예측), 금리, 환율, 경상 수지/기업 분석, 소비자 관련 지표들

(2) 합리적인 투자 결정 과정

합리적인 투자 결정 과정

1단계	2단계	3단계	4단계	5단계	6단계	7단계
문제 인식 또는 기회 발견	목표 설정	대안 개발	대안 평가	선택	실행	평가

©www.hanol.co.kr

❶ 1단계 문제 인식

재테크에 대한 필요성을 느끼거나 새로운 투자 기회를 찾는 동기 유발 단계이다. 즉 문제가 있음을 인식하거나 깨닫는 것이다.

❷ 2단계 목표 설정

목표를 설정하고 이를 달성하기 위한 방법을 강구하는 단계이다. 방법을 찾는 과정에서 투자에 대한 깊은 통찰을 할 수 있다.

❸ 3단계 대안 개발

자신이 원하는 목표를 달성하기 위한 여러 가지 방법을 찾는 단계이다. 대안을 찾을 때 1차적으로 자신의 기억 정보를 활용하고 2차적으로 인터넷, 멘토, 지인 등을 통해 폭넓게 탐색한다.

❹ 4단계 대안 평가

가장 중요한 단계이다. 여러 가지 대안들을 비교·평가하는 단계이다. 각 대안이 갖는 예상 결과, 즉 성공 가능성, 수익, 위험성, 비용, 시간 등을 비교한다. 평가 기준의 중요도에 따라 가중치를 둘 수 있다.

⑤ 5단계 선택

여러 가지 대안 중에서 가장 효과적이며 효율적인 대안을 선택하는 단계
이다.

⑥ 6단계 실행

선택한 대안을 실행하는 단계이다. 아무리 좋은 결정을 했다 하더라도 실
행하지 않으면 무의미하다. 특히 재테크는 배포가 있어야 한다. 그리고 과감
한 실행을 위해서는 자신의 결정에 확신을 가져야 한다.

⑦ 7단계 평가

결과를 평가하여 피드백(feedback)하는 단계이다. 즉 목표 대비 성과를 평가
해서 다음 투자 시 반영한다.

이제 재테크는 선택이 아니라 필수이다. 그렇기에 중장기적인 관점에서 접
근하는 것이 바람직하며 최종 승자가 되기 위해서는 합리적인 투자 결정이
무엇보다 중요하다. 또한 자기 자신에 대한 이해와 재테크 환경에 대한 이해
를 바탕으로 투자 결정에 필요한 객관적인 정보를 수집·분석하여 활용해야
한다. 실전에서는 과학적, 체계적 방법을 기반으로 투자를 결정하되 사안에
따라 직관적인 느낌이나 통찰력을 적절히 혼용하여 결정하는 것이 좋다.

⑩ 인간의 심리 및 행동

사람은 누구나 자신만의 시각으로 세상을 본다. 또 아는 만큼 보인다는 말
이 있다. 지금 이 순간에도 똑같은 투자 상품을 어떤 사람은 사고 어떤 사람
은 판다. 누구나 수익을 기대하고 투자하는데 말이다. 아이러니가 아닐 수 없
다. 재테크는 투자 상품의 가치에 의해서 가격이 결정되지만, 그 외에도 투자
심리나 시장 분위기에 따라 크게 영향을 받는다. 어떨 때는 가치에 비해 지나

인간의 심리 및 행동

©www.hanol.co.kr

치게 가격이 올라 버블 현상이 나타나기도 하고, 또 어떨 때는 지나치게 가격이 폭락해 공포에 빠지기도 한다.

이는 펭귄 효과(penguin effect)로 설명할 수 있는데, 투자를 망설이던 투자자가 다른 투자자들이 투자하기 시작하면 자신도 영향을 받아 덩달아 투자하는 현상이다. 투자자가 어떤 투자 상품에 대한 확신을 갖지 못하다가 다른 투자자들이 사면 여기에 동조하여 투자하는 소비 심리로 볼 수 있다. 재테크 시장에는 이런 일들이 비일비재하다. 최근 대표적인 사례로 부동산 '영끌(영혼까지 끌어모아 산다)', '줍줍(묻지마식 투자)'이라든지, 가상 화폐 투자의 광풍(묻고 더블로 가)이 있다.  밀레니얼 세대의 주식 열풍(너도나도 주린이)도 마찬가지다.

일반적으로 대부분의 사람은 투자를 결정할 때 경제적 합리성 모델을 바탕으로 한다. 인간은 이성적인 존재이며 어떤 정보를 잘 알고 의사 결정에 일관성도 있다는 것이다. 그러나 현실에서 인간은 합리적으로 행동하지 않는 것이 분명하다. 수많은 연구 결과에 따르면 인간은 종종 비생산적이고 체계적인 패턴으로 비이성적으로 행동한다. 이는 투자자들의 감정적 대응이 시장 흐름에 큰 영향을 끼친다는 것을 말해주는 것이다.

위대한 투자자 벤저민 그레이엄(Benjamin Graham)은 시대를 초월한 책《현명한 투자자(The Intelligent Investor)》에서 지능형 투자를 '두뇌보다 성격에 더 가까운 특성'인 응용 지능의 한 유형으로 정의했다. 투자자는 기본적인 경험, 심리적 특성, 습관 및 경향성을 가지고 투자한다는 것이다. 이는 투자 결정과 투자자 행동이 반드시 '합리적인' 고려 사항이 아니라 개인 및 시장 심리학의

펭귄 효과(penguin effect)

다른 사람이 상품을 사면 이를 따라 사는 구매 행태를 말한다. 한 마리의 펭귄이 용기를 내 먼저 바다에 뛰어들면 다른 펭귄들도 잇따라 바다에 뛰어드는 습성에서 비롯된 용어. 펭귄들은 먹잇감을 구하기 위해 바다에 뛰어들어야 하지만 바다표범과 같은 천적들이 있어 잠시 주저한다. 그러나 그중 한 마리가 먼저 바다로 뛰어들면 나머지 펭귄들도 그 첫 번째 펭귄을 따라 바다로 뛰어드는데, 이를 빗댄 것이다. 물건 구매를 망설이던 소비자가 다른 사람들이 구매하기 시작하면 자신도 이에 영향을 받아 덩달아 구매하게 되는 소비 행태를 일컬을 때 사용한다. 즉, 소비자가 어떤 제품에 대해 확신을 갖지 못하다가 다른 사람들이 사면 이에 동조돼 제품을 구매하는 소비 심리를 가리킨다.

한편, 바다에 뛰어드는 첫 번째 펭귄을 가리켜 '퍼스트 펭귄(first penguin)'이라고 하는데, 이는 위험한 상황에서 먼저 도전해 다른 이들에게도 참여의 동기를 유발하는 선구자를 가리키는 말로 사용되고 있다.

출처: 네이버 지식백과

(https://terms.naver.com/entry.naver?docId=5687144&cid=43667&categoryId=43667)

측면에 의해 주도된다는 것을 말한다. 인간이 복잡한 투자 결정을 내릴 수 있는 능력은 제한적이기 때문에 우리 모두가 겪기 쉬운 판단의 편견과 오류를 인식함으로써 자신의 투자 성과를 향상시킬 수 있다. 특히 재테크 시장이 불안정할 때 이러한 인간의 심리가 크게 작용한다.

따라서 재테크에 성공하기 위해서는 시장이 불안정하다고 분위기에 휩쓸리거나 남들이 투자하는 종목에 편승하여 부화뇌동하지 말고 자신만의 원칙과 노하우로 뚜벅뚜벅 자신만의 길을 가는 것이 무엇보다 중요하다. 흔들리지 않는 마음, 마인드 컨트롤!

11 재테크의 성공 비결

우리는 재테크 성공의 주인공이 될 수 있다. 그러나 아무나 성공의 주인공이 되는 것은 아니다. 재테크에는 왕도가 없듯이 그저 노력하고 또 노력하는 길밖에 없다.

앨버트 그레이(Albert Gray)는 성공한 사람들의 성격 특성을 분석했다. 성공한 사람들은 실패하는 사람들이 싫어하거나 회피하는 일을 기꺼이 했다. 즉 그들은 실패하는 사람들과 마찬가지로 그런 일을 하기 싫지만 목표를 세우고 도전한다면 극복할 수 있다고 믿는다는 것이다.

필자는 곰곰히 생각해본다. 성공이란 무엇일까? 어디까지가 성공일까? 하루의 작은 성공, 그것이 모여 한 주의 성공, 한 달의 성공, 1년의 성공, 3년, 5

년, 10년…. 이렇듯 작은 성공의 단계가 있어야 하지 않을까? 우리는 이런 과정 속에서 무수히 많은 작은 성공들을 찾기보다 큰 성공만을 추구하는 것은 아닐까? 농부가 가을에 원하는 수확물을 얻고자 정성스레 씨앗을 준비하고, 밭을 고르고, 설레는 마음으로 봄을 기다렸다가 가장 적절한 시기에 파종하듯이 재테크도 마찬가지라고 생각한다. 자신이 하고자 하는 의지(意志)를 세우고 목표를 찾고 이를 달성하기 위한 방법을 연구하는 자세가 성공이라는 열매를 가져다 줄 것이다.

재테크는 하이 리스크 하이 리턴(High risk, high return: 위험이 클수록 기대 수익도 크다)이 기본이다. 즉 위험(risk)이 클수록 기대 수익도 크게 기대해볼 수 있기 때문에 일반적으로 비례 관계로 보면 된다. 그러나 같은 투자 상품이라도 위험을 헤지(Hedge)할 수 있는 전문 지식이나 대응 능력이 있는 사람이라면 그만큼 수익을 증대시킬 수 있다. 이것이 개인의 '능력 차이'이고 재테크의 매력이라고 볼 수 있다.

아는 만큼 보인다는 말이 있다. 철저히 준비하는 자만이 승자가 될 수 있다. 그러기 위해서는 재테크 원리와 기초 지식을 제대로 배워야 한다. 모든 분야가 마찬가지지만 건물도 기초 공사를 튼튼히 해야 안전하고 수명이 오래가는 것이다. 기초 공사를 부실하게 하면 건물을 빨리 짓고 수익이 더 날지는 모르지만 결국 무너지고 만다.

재테크에 대한 전문 지식을 갖추는 것 못지않게 중요한 것이 투자 덕목이다. 전문 지식을 습득하는 것은 어느 정도 시간과 비용을 투입하면 된다. 그러나 투자 덕목은 시간도 많이 걸리고 사람마다 개인차가 크다. 결국 재테크 시장에서 최종 승자가 되는 길은 마인드 컨트롤(mind control)이다. 재테크 시장에서 20~30년 동안 수많은 우여곡절 끝에 성공한 전문가들이 한결같이 말하는 성공 비결이다.

CHAPTER

02

금 융

CHAPTER 02 금융

1 금융이란

금융 시장은 경제 주체들이 금융 상품을 거래하여 자금을 조달하거나 여유 자금을 운용(투자)하는 시장을 말한다. 즉 수요자와 공급자가 만나 거래를 하는 곳이다.

예를 들면, 쌀, 과일과 같은 농산물을 거래하기 위해서는 농산물 시장이 있어야 한다. 이때 농산물 생산자는 공급자이고 일반 소비자는 수요자이다. 마찬가지로 금융 시장에서 일반적인 수요자는 개인, 기업, 정부이다. 개인은 주택이나 자동차를 구입하거나 목돈이 필요할 때, 기업은 공장을 짓거나 사업

🌱 종잣돈 불리기

©www.hanol.co.kr

을 확장할 때 자금이 필요하다. 정부도 조세 수입보다 지출이 많은 경우 자금의 수요자가 될 수 있다. 이 밖에도 경제 주체들은 해외 자금의 공급자나 수요자가 될 수 있다.

금융 시장은 경제 주체들의 경제 활동에 필수적이다. 그러나 저금리 시대가 도래되고 금융 기관 간 업종 경계가 무너지면서 다양한 상품이 출시되고 상품 내용도 갈수록 복잡해져 금융 상품 고르기가 점점 어려워지고 있다. 어쨌든 금융은 재테크할 때 가장 기본이다. 금융은 재테크를 하기 위해 시드머니(종잣돈)를 마련하거나 경기가 불황이라 주식이나 부동산 등 마땅히 투자할 곳이 없을 때, 또는 금리가 높을 때 전략적으로 투자하는 것이 바람직하다.

❷ 금융 기관

우리나라의 금융 기관은 제공하는 서비스의 성격에 따라 은행, 상호저축은행, 우체국, 카드 회사, 보험 회사, 증권 회사, 종합 금융 회사 등으로 구분한

🌱 금융 기관의 유형

©www.hanol.co.kr

다. 위험의 정도에 따라서는 제1 금융권, 제2 금융권으로 분류할 수 있다. 보통 시중 은행을 제1 금융권, 그 이외의 금융 기관을 제2 금융권이라 한다.

은행은 일반 은행과 특수 은행이 있다. 일반 은행은 예금·대출 및 지급 결제 업무를 고유 업무로 하는 시중 은행, 지방 은행 등이 있고, 특수 은행은 특수 목적에 따라 필요한 자금을 원활히 공급하기 위하여 설립한 한국산업은행, 한국수출입은행, 중소기업은행, 농협은행, 수협은행 등이 있다.

우리가 어렸을 때부터 가장 먼저 거래를 시작하는 곳이 바로 은행이다. 은행은 가계나 기업으로부터 예적금이나 채권을 발행해 조달한 자금을 수요자에게 대출해주는 업무를 취급한다. 일반적으로 은행은 다른 금융 기관에 비해 안전성은 뛰어나나 수익률은 낮은 편이다. 그러나 점포 수가 많고 전국적인 온라인 시스템을 갖추고 있어 가장 편리하게 이용하는 금융 기관이다.

제2 금융권은 상호저축은행, 신용협동기구, 우체국, 종합 금융 회사 등이 있다. 상호저축은행은 서민이나 중소 사업자의 금융 편의와 저축 증대를 목적으로 설립된 대표적인 지역 밀착형 금융 기관이다. 제2 금융권은 제1 금융권에 비해 예금 이자도 높지만 대출 이자도 높기 때문에 거래할 때 이 점을 유의해야 한다. 그러나 현실적으로는 제1 금융권에서 신용 등의 문제로 대출을 받지 못하는 서민들이 어쩔 수 없이 이용하는 경우가 대부분이다. 신용협동기구는 조합원에 대한 저축 편의 제공과 대출을 통한 상호 간의 공동 이익추구를 목적으로 운영되며 신용협동조합, 새마을 금고 등이 있다. 우체국은 민간 금융이 취약한 지역을 지원하는 국영 금융이며 우편 업무 외에도 각종 예금 및 보험 상품도 취급하고 있다. 우체국은 운영 주체가 국가이므로 원리

Tip

예금자 보호 제도

금융 회사가 파산 등으로 인해 고객의 금융 자산을 지급하지 못할 경우 예금보험공사가 예금자 보호법에 의해 예금의 일부 또는 전액을 대신 돌려주는 제도를 말한다. 현재 1인당 보호 금액은 원금과 소정의 이자를 합하여 예금자 1인당 최고 5,000만 원이다. 단 실적형 상품은 보호를 받을 수 없기 때문에 유의해야 한다. 지금 1인당 보호 금액을 늘리는 법안이 발의되어 국회에서 한창 논의 중이다.

출처: 네이버 지식백과

금 지급이 확실히 보장된다는 것이 최대 장점이며, IMF 외환 위기 이후 금융 기관들의 잇따른 도산으로 각광 받는 금융 기관으로 재탄생했다.

보험 회사는 사람들이 미래의 사망, 질병, 노후 또는 화재나 각종 사고에 대비하여 보험에 가입하면 이것을 인수 운영한다. 보험 회사에는 생명 보험 회사, 손해 보험 회사 등이 있다. 즉 사회적 차원에서 사고나 재해에 대비하여 돈을 모아 놓았다가 사고를 당한 사람에게 손해를 보상하거나 보전하는 경제 제도이다.

증권 회사는 주로 유가 증권의 발행과 유통을 취급한다. 즉 기업에서 발행하는 주식과 채권을 대행해주고 이것을 매매하려는 투자자들의 위탁을 받아 장내외 파생 상품과 같은 금융 거래와 관련된 업무를 한다. 증권 회사 하면 보통 주식을 떠올리지만 주식뿐만 아니라 국공채, 회사채 등 각종 유가 증권의 매매, 인수 및 매출 등을 전문적으로 취급한다. 증권 저축, 대출, 환매 조건부 채권, 양도성 예금 증서의 매매 및 중개, 해외 증권 판매 등의 업무도 한다.

투자 신탁 회사는 개인 투자자를 위해 주식, 채권, 간접 투자 상품을 파는 곳이다. 운용이란 고객들이 맡긴 돈을 여러 곳에 분산 투자하여 이익을 창출하는 것을 말한다. 투자 신탁 회사는 투자 신탁의 판매와 운용을 하는 반

면, 투자 신탁 운용 회사는 투자 신탁의 운용만을 한다. 투자 신탁 운용 회사는 고객이 맡긴 자금을 펀드 매니저가 채권, 주식, 기타 유가 증권에 분산 투자하여 최소의 리스크와 고수익으로 운용한 후 그 수익을 고객에게 돌려준다. 취급 상품으로는 주로 채권형, 주식형, 혼합형 수익 증권, 단기 금융 펀드(MMF), 뮤추얼 펀드 등이 있다.

$ 건전한 은행 고르는 법(BIS)

$$BIS\ 비율 = \frac{자기\ 자본}{위험\ 가중\ 자산} \times 100$$

BIS는 은행의 건전성을 나타내는 가장 대표적인 지표이다. 총자산 중에서 자기 자본이 차지하는 비중을 나타내는 지표로 절대적인 기준은 아니지

🌱 주요 금융 기관 BIS 현황

※ 2019년 말 총자본 기준(단위: %)　　　　자료: 금융감독원

금융 기관	BIS
KB 국민은행	14.48
NH농협은행	14.01
KEB 하나은행	13.95
신한은행	13.90
우리은행	11.89

©www.hanol.co.kr

만 BIS 비율을 고려해서 내가 이 은행에 돈을 맡겨도 되는지 안 되는지를 판단하면 좋다. 통상 BIS 비율이 8% 이상이면 안전한 은행으로 볼 수 있고, BIS 비율이 5% 미만일 경우는 경영 개선 권고, 3% 미만일 때는 경영 개선 요구, 1% 미만일 때는 경영 개선을 명령한다.

③ 금융 상품의 종류

일반적으로 사람들은 소득 중에서 소비로 지출하고 남은 돈을 저축했다가 미래에 돈이 필요할 때 쓰거나 재테크할 때 종잣돈으로 사용한다. 돈을 현금으로 보관하면 도난 우려도 있고 물가 인상으로 인한 화폐 가치가 떨어질 위험이 있어 대부분 은행에 맡긴다. 따라서 자산을 잘 관리하기 위해서는 다양한 금융 상품들의 특징을 이해해야 한다.

투자 목적을 고려한 금융 상품의 종류를 살펴보면 다음과 같다. 금융 상품은 보통 예금, 예적금, 주택청약 종합저축, 근로자 우대 저축, 노후 대비용 저축, 상호 부금, 특화 상품 등이 있다. 적용 금리에 따라서는 확정 금리형, 변동 금리형으로 나뉜다.

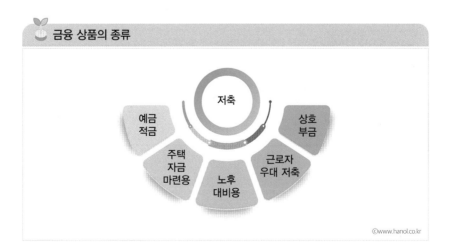

🌱 금융 상품의 종류

저축

예금 적금 / 주택 자금 마련용 / 노후 대비용 / 근로자 우대 저축 / 상호 부금

©www.hanol.co.kr

(1) 보통 예금

일반적으로 가장 손쉽게 이용할 수 있는 예금이 바로 보통 예금이다. 보통 예금은 가입 금액이나 기간에 제한이 없고 입출금이 자유롭기 때문에 저축 수단이라기보다는 생활하는 데 편리하게 이용하는 상품이다. 내가 필요할 때 언제든지 입출금이 가능하지만 이자율은 매우 낮은 요구불 예금의 일종이다.

(2) 정기 적금

고객이 매월 또는 자유롭게 일정 금액을 불입하고 만기일에 약정 금액을 일시불로 지급 받는 전형적인 적립식 예금이다. 정기 적금은 은행 측에서 볼 때 매월 약정된 금액의 예입이 확실시된다는 점에서 정기 예금 못지않은 안정된 자금 조달원이다. 고객의 입장에서는 종잣돈을 마련하는 데 아주 유용한 상품이다.

(3) 정기 예금

정기 예금은 고객이 목돈을 일정 기간 금융 기관에 맡기고 정한 기한 안에는 찾지 않겠다고 약정하는 예금이다. 따라서 약정 기간이 길수록 높은 이자가 보장되는 상품으로 여유 자금을 장기간 안정적으로 운용하기에 좋은 상품이다. 이자는 만기에 일시불로 받거나 매월 지급 받을 수도 있어 목돈을 맡겨놓고 이자로 생활하는 사람들에게 적합하다. 그러나 만기 이전에 중도 해지할 경우 약정 금리보다 낮은 이율이 적용된다.

(4) 근로자 우대 저축

저소득 근로자를 돕기 위해 출시하는 비과세(감면) 저축 상품으로 목돈 마련에 유리한 장기 저축 상품이다. 이 상품은 이자나 배당 소득에 대해 100% 비과세이거나 일부 감면해준다. 그러나 가입 요건이 까다롭고 중간에 해지할 경우 세금 혜택 부분에 대해서 과세하기 때문에 가입 전에 장기간 불입할 수 있는지를 살펴봐야 한다.

은행뿐만 아니라 투자 신탁 운용 회사, 증권 회사, 보험 회사도 근로자 우대형 상품을 취급하고 있으며 금리도 비교적 높은 편이다. 가입 요건이 충족되는 직장인들은 적극적으로 가입하는 것이 좋다.

(5) 상호 부금

서민 금융의 하나로 일정 기간을 정하여 중도나 만기 시에 금융 기관에서 고객에게 일정한 금액을 지급할 것을 약정하고, 고객은 그 기간 안에 일정 기간마다 일정액의 부금을 저축하는 형태이다.

제2 금융권은 제1 금융권보다 높은 이자를 주지만, 대출 금리 역시 제1 금융권보다 훨씬 높다. 제1 금융권보다 대출 이자가 높기 때문에 예금 이자도 그만큼 더 주는 셈이다. 그러나 제1 금융권보다 위험할 수 있어 자세히 비교해보고 결정해야 한다.

(6) 주택 청약 종합 저축

주택 청약 종합 저축은 주택 마련을 돕기 위한 금융 상품이다. '청약'이라는 용어에서 알 수 있듯이 보통 아파트를 청약할 때 사용한다. 청약할 때 가입 요건을 충족해야 하기 때문에 가능하면 일찍 가입하는 것이 유리하다. 주택 청약에 당첨되지 못했다면 정기 예금에 가입했다고 생각해도 무방하다. 왜냐하면 다른 금융 상품에 비해 이자는 괜찮은 편이기 때문이다.

주택 청약 종합 저축이 기존의 청약 통장과 다른 점은 청약 면적이나 공공 주택/민영 주택에 관계없이 사용할 수 있다는 점이다. 어쨌든 내 집 장만을 위해 주택 청약 종합 저축 하나 정도는 필수이다.

(7) 노후 연금 저축

미래에는 기대 수명 100세 시대가 될 것이다. 그러나 직장인들은 50세를 갓 넘으면 퇴직 준비를 해야 한다. 퇴직 후 가계를 꾸려가기 위해서는 정기적인 수입이 있어야 하는데 지금 노동 시장을 보면 재취업이 쉽지 않다. 미래의 안정적인 노후를 위해서는 연금 저축 하나 정도는 필요하다.

노후 준비 연령이 점차 낮아지는 이유는 국가의 복지 정책(국민연금 등)만으로는 생활하기에 턱없이 부족하기 때문이다. 연금 저축은 노후 준비를 하는 동시에 연금 수령 시 세액 공제 혜택을 받을 수 있어 재테크 수단으로도 매력적이다.

(8) 특화 상품

우리가 눈여겨볼 만한 상품이다. 특화 상품은 일시적으로 출시하는 상품임으로 평소에 관심을 갖고 살펴봐야 한다. 정권이 바뀔 때마다 청년과 신혼부부, 직장인, 실버 세대 등의 안정적인 생활을 지원하기 위해서 여러 가지 특화 상품을 내놓고 있다.

예로 청년들을 위한 청년도약계좌, 청년내일저축계좌, 청년희망적금, 청년전세자금대출 등이 있다. 이러한 상품들을 잘 활용하면 짧은 시간 내에 목돈을 마련할 수 있어 청년들에게는 절대적으로 유리한 상품이다. 정부가 일정 금액을 지원해준다거나 세금 혜택을 주기 때문에 가입 조건은 까다롭다.

청년도약계좌는 근로·사업 소득이 있는 만 19~34세 청년들이 월 70만 원씩 5년간 납입하면 만기 시 5,000만 원의 목돈을 만들 수 있다. 월 납입금의 최대 6%를 정부가 보조한다. 가입 기간은 2023년 6월부터 2025년 12월 31일까지이다. 젊은이들에게 폭발적인 관심을 끌고 있다.

청년버팀목 전세자금대출은 부부 합산 연소득 5천만 원 이하, 순자산가액 3.61억 원 이하 무주택 세대주 중 만 19세 이상~만 34세 이하의 세대주(예비 세

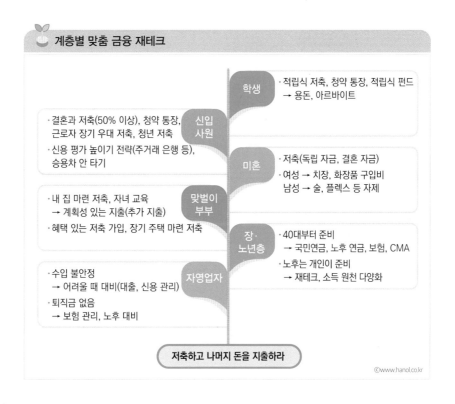

계층별 맞춤 금융 재테크

| 학생 | · 적립식 저축, 청약 통장, 적립식 펀드
→ 용돈, 아르바이트 |

| 신입
사원 | · 결혼과 저축(50% 이상), 청약 통장,
근로자 장기 우대 저축, 청년 저축
· 신용 평가 높이기 전략(주거래 은행 등),
승용차 안 타기 |

| 미혼 | · 저축(독립 자금, 결혼 자금)
· 여성 → 치장, 화장품 구입비
남성 → 술, 플렉스 등 자제 |

| 맞벌이
부부 | · 내 집 마련 저축, 자녀 교육
→ 계획성 있는 지출(추가 지출)
· 혜택 있는 저축 가입, 장기 주택 마련 저축 |

| 장·
노년층 | · 40대부터 준비
→ 국민연금, 노후 연금, 보험, CMA
· 노후는 개인이 준비
→ 재테크, 소득 원천 다양화 |

| 자영업자 | · 수입 불안정
→ 어려울 때 대비(대출, 신용 관리)
· 퇴직금 없음
→ 보험 관리, 노후 대비 |

저축하고 나머지 돈을 지출하라

ⓒwww.hanol.co.kr

대주 포함)들을 대상으로 금리 연 1.5~2.1%, 최대 2억 원 이내(임차 보증금의 80% 이내), 최초 2년(4회 연장, 최장 10년) 이용 가능한 상품이다.

임차 전용 면적 85m² 이하 주택(주거용 오피스텔 포함) 및 채권 양도 협약 기관 소유의 기숙사(호수가 구분되어 있고 전입 신고가 가능한 경우에 한함), 만 25세 미만 단독 세대주인 경우 60m² 이하, 임차 보증금 3억 원 이하의 경우에만 대상 주택이 되고, 연소득 2천만 원 이하 1.5%, 2천만 원 초과~4천만 원 이하 1.8%, 4천만 원 초과~6천만 원 이하 2.1%의 금리가 적용된다.

임대차 계약서상 잔금 지급일과 주민등록 등본상 전입일 중 빠른 날로부터 3개월 이내 또는 계약 갱신일로부터 3개월 이내에 신청 가능하다.(출처: https://namu.wiki)

최근에는 모든 금융 기관에서 유사한 상품을 취급하기 때문에 같은 종류

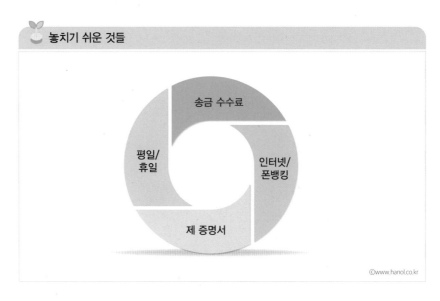

놓치기 쉬운 것들

송금 수수료
인터넷/폰뱅킹
제 증명서
평일/휴일

©www.hanol.co.kr

의 저축 상품이라도 금융 기관에 따라 수익률에 차이가 있다. 따라서 저축 상품을 선택할 때는 금융 기관의 건전성과 금융 상품의 특성(조건, 기간, 이자, 세금 등)을 고려하여 선택해야 한다. 또한 한국은행에서 기준 금리 인상 후 수신 금리 상승세가 이어짐에 따라 주식이나 가상 화폐 등 불확실성이 큰 시장이나 규제가 심한 부동산 시장보다는 안전한 투자처로 저축 은행 고금리 상품이 인기를 끌고 있다. 이에 은행들은 경쟁적으로 고금리 상품을 출시하고 고객이 쉽고 편리하게 거래할 수 있도록 인터넷 거래 환경을 경쟁적으로 개선하고 있기 때문에 은행 간 금리를 비교해서 유리한 상품을 선택하는 것이 좋다. 여기서 주의할 점은 주식이나 부동산 시장이 좋아질 때를 대비해서 가능하면 단기간 금융 상품에 가입하는 것이 좋다는 것이다. 그래야 재테크 시장이 좋아지면 신속하고 유연하게 대응할 수 있다.

은행 간 금리 비교 정보는 아래의 홈페이지를 참고하라.
• 전국은행연합회: http//www.kfb.or.kr
• 마이뱅크: http//www.misaving.mibank.me

④ 금리와 자금 흐름

(1) 자금 흐름

🌱 자금 흐름도

한국은행 ←기준 금리→ 시중 은행 ←예금 이자→ 고객
재할인율 대출 이자

©www.hanol.co.kr

　물은 높은 곳에서 낮은 곳으로 흐르는 것이 자연의 법칙이다. 그러나 돈은 금리가 낮은 곳에서 높은 곳으로 이동한다. 현재 미국 금리와 우리나라 금리가 역전되어(미국의 기준 금리가 한국의 기준 금리를 상회) 한국의 자본이 외국으로 유출되는 것을 우려하는 목소리가 많다. 그러나 한편에서는 반대로 해외 자금이 우리나라로 유입되어 재테크 시장이 좋아질 것으로 기대한다. 그러므로 금리 변동에 따라 금융 상품의 선택도 달라질 수밖에 없다.

(2) 금리

　돈을 빌린 사람은 만기가 도래하면 빌린 원금 외에 돈을 빌려 쓴 대가를 지급해야 하는데 이를 이자라 하며, 원금에 대한 이자의 비율을 금리(이자율)라고 한다. 금리는 여러 가지 기능을 수행한다.

　첫째, 자금을 필요로 하는 수요와 자금을 빌려주고자 하는 공급을 조절해 준다. 가장 중요한 기능이다. 수요와 공급의 법칙에 따라 자금의 공급보다 수요가 많으면 금리는 상승하고 자금을 빌리는 비용이 늘어나기 때문에 자금의

수요가 점차 줄어드는 반면, 이자가 높아지면 은행은 공격적으로 자금을 공급하기 때문에 금리가 하락하여 결국에는 수요와 공급이 균형을 이룬다.

둘째, 자금의 배분 기능을 한다. 금리가 상승하면 자금의 공급은 늘어난다. 은행은 이왕이면 나중에 자금 회수에 걱정이 없는 호황 산업에 우선적으로 자금을 공급한다. 이는 국가 전체로 보면 보다 효율적으로 자금을 활용하는 것이 된다.

셋째, 한국은행은 금리 조절 역할을 한다. 중앙은행과 금융 기관 사이에 적용되는 재할인 금리, 금융 기관과 고객 사이에 적용되는 예금 및 대출 금리, 금융 기관 사이의 단기 자금 거래에 적용되는 콜금리 등을 조절한다. 한국은행이 기준 금리를 내리면 시중 은행들은 한국은행으로부터 저리로 돈을 빌릴 수 있어 금융 시장은 전반적으로 금리가 내려간다. 반면에 한국은행이 기준 금리를 올리면 시중 은행의 예금 및 대출 이자는 올라간다.

넷째, 한국은행은 통화량을 조절한다. 경기가 호황이고 물가가 상승하면 한국은행은 시중 자금을 회수하기 위해 가지고 있던 채권을 시장에 내다 판다. 그러면 금융 시장의 자금이 줄어들어 채권의 가격이 떨어지고 금리는 올라간다. 반면에 한국은행이 채권을 사들이면 시중 자금의 양은 늘어나고 채권의 가격은 오르지만 금리는 내려간다.

다섯째, 금리는 낮은 곳에서 높은 곳으로 이동한다. 결국 돈은 금리가 낮은 곳에서 높은 곳으로 이동하기 때문에 기축 통화국인 미국이 금리를 올리고 우리나라는 올리지 않는다면 우리나라에 있는 외화는 금리가 높은 미국으로 이동한다.

(3) 확정 금리형/변동 금리형

금융 상품은 적용 금리에 따라 확정 금리형과 변동 금리형으로 구분한다. 확정 금리형은 예금이나 대출을 받을 때 일정 기간 확정된 금리를 적용하는 것이고, 변동 금리형은 예금이나 대출을 받을 때 금융 시장의 금리 변동에 연동하여 금리를 올리거나 내리는 것이다.

일반적으로 고정 금리 대출은 변동 금리보다 금리가 높다. 은행은 고정 금리를 선호하는 경향이 있고 고객들은 변동 금리를 선호하는 경향이 있다. 그러나 예적금을 할 것이냐 대출을 받을 것이냐에 따라 앞으로 금리가 오를 것인지 내릴 것인지를 고려하여 선택하는 것이 바람직하다. 예를 들면, 앞으로 금리가 오를 것으로 예상되는 상황에서 예금을 하거나 대출을 받을 경우 예금은 변동 금리형으로 가입하는 것이 유리한 반면, 대출은 확정 금리형으로 가입하는 것이 유리하다. 주로 은행에서 취급하는 금융 상품은 부동산, 주식과 같은 투자 상품에 비해 상대적으로 안전성과 환금성은 아주 좋으나 수익률은 매우 낮다. 그러므로 금융 상품은 투자 목적이나 기간, 소득, 재산, 향후 투자 계획과 같은 현실적 여건이나 시장 상황을 고려하여 최적의 단기 상품에 분산 투자해야 한다.

앞으로 금리가 오를 가능성이 있어 대출 이자 부담을 줄이기 위해 변동 금리에서 고정 금리로 갈아타는 경우 중도 상환 수수료를 부담해야 하기 때문에 예금을 하거나 대출을 받을 때 확정 금리형과 변동 금리형 선택에 신중할

대출 재테크 갈아타기(고금리 → 저금리)

구 분	이 전	이 후
대출금	5,000만 원	5,000만 원
대출 금리 적용 형태	우대 금리, 연동 대출	연동형 대출
대출 이율	연 9.5%	연 6.55%
대출 이자	월 396,000원	월 273,000원
신규 대출에 따른 추가 비용		대출금 중도 상환 수수료 25만 원, 인지대 4만 원, 근저당 설정비 면제
실제 이자 절감액(연간)		1,185,000원

필요가 있다. 예를 들면, 은행에서 대출을 받았는데 앞으로 금리가 내려갈 것으로 예상되고 중도 상환 수수료를 지불해도 이익이면 갈아타는 것(기존 대출 상환 → 신규 대출)이 좋다. 또한 은행에 목돈을 예치해 놨는데 이자가 상승할 것으로 예상되면 이자를 따져보고 갈아타는 것도 하나의 방법이다. 즉 금리 변동 폭에 따라 유연한 대응 전략이 필요하다.

대출 시 앞으로 금리가 오를 가능성에 대비해 변동 금리에서 고정 금리로 갈아탈 때도 마찬가지이다. 금리 변동 폭과 중도 상환 수수료를 따져보는 게 중요하다.(중도 상환 수수료: 은행에서 빌린 자금을 만기 전에 갚을 때 부담하는 수수료) 과거에는 고객이 약정 기간 중이라도 대출금을 상환하면 은행원들의 축하를 받았지만, 지금은 패널티를 물으니 아이러니하다. 그만큼 금융 기관 간의 경쟁도 치열해지고 은행의 수익 구조도 독립 채산제로 바뀌어 살아남기 위해 이윤은 극대화, 비용은 절감해야 하기 때문이다.

⑤ 금융 투자의 성공 전략

금융 재테크는 가장 기본적인 재테크 수단이지만 금융은 어떤 상품을 선택해도 부동산이나 주식에 비해 수익을 크게 기대하기는 어렵다. 즉 금융은 부동산에 비해 안전성과 환금성이 좋고 주식에 비해 안전성은 높지만 수익성이 크게 떨어지기 때문에 금융 투자는 전략적 접근이 필요하다. 금융 재테크의 성공 전략은 다음과 같다.

첫째, 재테크를 시작하려면 시드 머니(seed money)가 필요한데, 처음에는 저축하는 길이 유일하다. 어느 정도 종잣돈이 마련되면 재테크를 시작할 수 있다. 처음에는 속도가 느리지만 갈수록 투자 규모나 수익이 커지고 빨라진다. 그때까지는 나의 수입에서 쓰고 남은 돈을 저축하는 것이 아니라 저축을 먼저하고 남은 돈을 어떻게 쓸 것인가를 고민해야 돈을 모을 수 있다. 또한 꼭 필요한 곳에만 지출하려는 의지와 노력이 필요하며 불필요하거나 줄일 수 있

저축 상품 선택 시 유의 사항

수익성	안정성 · 건전성	보장성
• 이자(율) • 세금 공제 • 순수익	우량 금융 기관 (재정 건전성)	파산 시 보장 (5,000만 원)

©www.hanol.co.kr

는 지출은 과감히 줄여야 한다.

둘째, 경기 흐름이나 재테크의 시장 상황에 따라 전략적으로 금융 상품을 선택할 수 있다. 지금과 같이 주식, 부동산 경기가 침체되어 마땅한 투자 상품을 선택하기 어려울 때 금융 상품을 선택하는 것이 좋다. 단 장기 상품보다는 단기 상품에 투자하고 때를 기다렸다가 부동산이나 주식 시장이 좋아지면 바로 이동할 수 있도록 대비해야 한다.

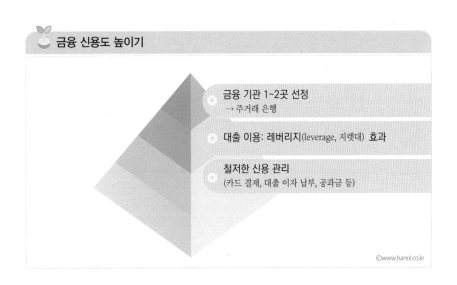

금융 신용도 높이기

- 금융 기관 1~2곳 선정
  → 주거래 은행
- 대출 이용: 레버리지(leverage, 지렛대) 효과
- 철저한 신용 관리
  (카드 결제, 대출 이자 납부, 공과금 등)

©www.hanol.co.kr

셋째, 앞으로 금리가 오를 것으로 예상될 때 금융 상품을 선택한다. 이때에도 재테크 시장이 언제, 어떻게 변할지 모르기 때문에 가입 기간은 짧게 하는 것이 좋다.

넷째, 세전의 총이익보다 세후의 순이익에 집중해야 한다. 아무리 총이익이 많다고 하더라도 세금이나 필요 경비를 공제하고 난 후의 이익이 진짜 순이익이다. 재테크 설계 단계(포트폴리오)부터 이 점을 고려해야 한다.

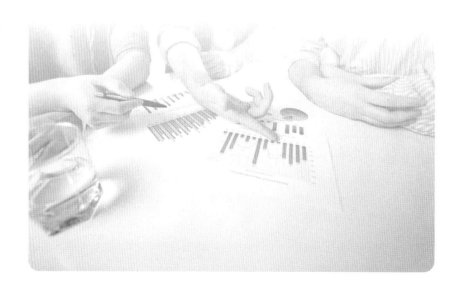

CHAPTER

03

주 식

CHAPTER 03 주식

1 주식이란

(1) 주식의 특성

주식(Stock)은 기업이 자금 조달의 목적으로 발행하는 유가 증권이다. 즉 주 주가 기업에 출자하면 이에 대하여 교부하는 증서이다. 유가 증권에는 주식 이외에도 국채, 공채, 사채 등과 같은 채권이 있다.

주가는 거래소에서 거래되는 가격을 말한다. 이것은 부동산이나 금융에 비해 거시 경제나 시장 상황, 기업의 가치, 심리적 요인에 의해 직간접적인 영향을 받는다. 특히 주식은 기업의 경영 성과나 재무 건전성, 성장성 등에 따라 영향을 받는 가격 변동성이 매우 큰 '고위험, 고수익(High risk, high return!)' 상품

🌱 주식 견본

이다. 수익률도 중요하지만 그만큼 위험 관리가 필요한 상품이다. 실전에서는 너무 안전만을 생각하다가 오히려 투자 기회를 놓치는 경우도 많고, 너무 수익만을 좇다가 위험에 빠지는 일이 비일비재하다. 따라서 주식 투자는 자신만의 원칙과 노하우로 투자 기회를 포착하는 것이 중요하다.

기업이 자금을 조달하는 방법에는 타인 자본과 자기 자본을 늘리는 방법이 있다. 타인 자본은 은행에서 자금을 차입하거나 채권을 발행하여 자본을 늘리는 것이고, 자기 자본은 주식을 발행하여 자본을 늘리는 것이다.

기업이 발행한 주식을 투자자들이 매입하면 그 회사의 주인이 된다. 이때 주식을 가진 사람을 주주(株主)라고 한다. 동시에 주주는 주주로서의 권리와 책임을 갖게 되며 의결권과 배당권을 받는다. 반면에 회사에 리스크가 발생하면 투자한 지분만큼 책임을 져야 한다.(유한 책임) 이것은 기존 주주의 입장에서는 주인이 늘어난 만큼 자신의 경영권을 포기하는 것이며 이익에 대한 배당 몫도 줄어든다는 의미이다.

주주의 권리와 의무는 다음과 같다. 첫째, 경영 참여권이 있다. 말 그대로 주주는 소유한 주식의 양에 비례하여 주주 총회를 통해 회사의 경영권에도 참여할 수 있다. 반면 회사의 손실에 대해서는 자신이 투자한 금액만큼 책임을 진다. 둘째, 이익 분배 청구권이 있다. 주주는 투자에 비례해서 이윤을 배당받을 권리가 있다. 즉 회사에 이익이 발생하면 그 이익에 대하여 배당을 요구할 수 있다. 셋째, 잔여 재산 분배 청구권이 있다. 기업이 파산한 경우 주주는 부채를 갚고 남은 재산에 대하여 분배를 청구할 수 있는 권리가 있다. 사채는 주식에 우선하며 주식 중에서도 우선주와 같이 우선적 권리가 부여된 순서에 따라 분배한다. 보통주를 소유한 주주의 잔여 재산 분배 청구권은 우선주 소유자보다 후순위이다. 나아가 주주는 자유롭게 주식을 다른 사람에게 팔아 시세 차익을 얻을 수도 있다.

(2) 주식 투자 환경

돌이켜보면 90년대 초반까지만 해도 우리나라의 주식 투자 환경은 그야말로 아날로그 방식이었다. 투자 환경이 열악할 뿐만 아니라 투자자들의 참여도도 낮았고 지금처럼 대중화되지도 않았다. 특히 개인 투자자들의 경우 나름대로 열심히 했지만, 주먹구구식이었고 일명 묻지마식 투자로 행운에 맡기는 경우가 많았다. 그 당시만 해도 인터넷이 발달되지 않

아 주식을 사려면 증권사 객장을 직접 방문하여 시세판을 보고 정보를 수집하고, 증권사 직원이 알려주는 정보와 추천해주는 종목 위주로 투자했다. 기업 분석도 마찬가지다. 증권사에서 발행하는 기업 분석 책자에 의존하든지, 기업을 방문해 정보를 수집하든지, 기업이 투자자들을 대상으로 실시하는 투자 설명회(IR, investor relations)에 참석하여 정보를 수집하고 분석했다. 또한 정경유착 시대에는 정부가 기업의 생존에 영향을 주다 보니 일부 경제 관료나 경제 신문 등을 통한(고급) 정보도 주식 시장에 상당한 영향을 미쳤다.

설상가상으로 1997년 11월, 우리나라에는 너무나 큰 경제 위기가 닥쳤다. 이를 벗어나기 위해 IMF(국제 통화 기금, International Monetary Fund)에서 구제 금융을 받는 조건으로 외국 투자자들에게 주식 시장, 외환 시장을 개방하면서 많은 투자 자금이 유입되어 주식 시장이 활기를 띠었으나 그만큼 위험도 커졌다. 당시만 해도 외국 자본이 들어오면 국내 기업이나 투자자들이 위험에 빠질 것이라는 경고가 많았다. 실제로 그러한 경고처럼 어려운 상황에 내몰리기도 했으나 이를 계기로 우리는 우리의 모습을 뒤돌아보며 심기일전하여 경쟁력을 키우게 된 것 또한 부인할 수 없다.

이제는 과거처럼 할 필요가 없다. 인터넷, 모바일(스마트폰) 등의 발달로 책상

앞에 앉아 수많은 정보를 수집 및 분석하고 결정해도 무방할 정도로 인프라 (infra)가 잘 구축돼 있다. 특히 4차 산업 혁명 시대에는 투자자들이 인터넷 환경을 이용해 가상 공간에서 온라인으로 주식 거래를 할 수 있도록 시스템을 구축하고 있다. 여기에 맞춰 증권사들은 경쟁적으로 인터넷을 통한 증권 투자 방식을 확대하고 다양한 서비스와 금융 상품을 출시하고 있다. 이 밖에도 시공간적 제약이 사라짐에 따라 해외 투자는 물론 기존 주식 투자 방식에 비해 이용하기 훨씬 편리해졌고, 수수료도 저렴해졌다. 주식 투자하기 매우 좋은 환경이다. 최근에는 챗GPT의 열풍으로 인공 지능(AI)이 아예 고객의 자산을 맡아서 관리해주는 시대로 접어들었다.

핀테크(FinTech)가 자산 관리 분야에 접목돼 로보어드바이저까지 진화하고 있다. 로보어드바이저는 저렴한 비용으로 언제, 어디서나 개인 맞춤형 자산 관리 서비스를 제공함으로써 자문 서비스의 혁신과 대중화를 선도할 수 있다는 점에서 새로운 대안으로 떠오르고 있다. 아직 로보어드바이저를 활용한 투자는 평균적인 가정을 기반으로 제시되는 투자 조언으로 금융 시장의 모든 변수를 충분히 반영하지 못하는 한계가 있지만 앞으로 발전 가능성은 무궁무진하다.

(3) 주식 투자의 필요성

우리나라 GDP는 세계 경제 규모 중 12위이다.(2022년) 선진국으로 진입할수록 금융 시장의 규모도 커지고 그만큼 외국과의 자본 이동도 자유로워졌다. 보통 경제 규모가 크고, 다양한 산업과 복잡한 경제 체계를 갖춘 국가를 선진국이라고 부르지만, 단순히 소득만 높아서 되는 것은 아니다. 산업 인구 구조, 교육 문화, 무역, 기대 수명, 언론의 자유 등을 종합적으로 평가한다. 즉 덩치만 크다고 선진국이 아니라 성숙한 시민 의식 그리고 잘 갖춰진 교육과 의료 체계 등을 구비하고 다수 국민이 사람답게 살 만한 나라여야 진정한 선진국이라고 자부할 수 있다.

주식 투자의 필요성을 살펴보면 다음과 같다.

첫째, 소득 증대이다. 자본주의 사회에서 돈은 에너지(energy)이자 활력이다. 물론 인간의 궁극적인 목적은 행복이라는 전제하에서 말이다. 그리고 우리는 살아가면서 수많은 선택의 기로에 서게 되는데 이때 선택의 폭이 넓어질 수 있다. 주식은 고위험, 고수익 상품이긴 하지만 적은 자금으로도 투자할 수 있고 인터넷 환경을 이용하여 쉽게 투자할 수 있다. 문제는 내가 투자를 잘할  준비가 되어 있느냐이다. 주식 투자를 할 때 과거에도 데이터를 분석해서 미래를 예측하기는 했지만 겉으로 드러나지 않는 숨은 정보(중요한 정보일 경우) 등으로 잘못된 판단을 하는 경우도 많았고, 개인의 능력 차이, 시장 상황 등에 따라서도 위험 변수가 너무나 많았다. 이러한 위험 변수에 대비하여 공부하고 준비한다면 주식으로 고수익을 얻을 수 있다. 이제는 외벌이로 가계를 꾸려가기가 쉽지 않다. 수입 원천을 다양화해서 소득을 증대시키고 불확실성 시대와 노후를 대비해야 한다.

둘째, 분산 투자 차원이다. 다양한 포트폴리오를 구성하여 위험을 분산시키고 적정한 수익을 내는 전략이다. 포트폴리오는 큰 틀에서 부동산, 주식, 채권과 같이 다른 투자 상품들로 구성할 수도 있고, 같은 주식 상품에서도 대형 우량주, 중소형주, 벤처주 등으로 다양하게 구성할 수 있다. 예를 들면, 부동산이 하락하면 주식이 안정적으로 유지되거나 상승할 수 있다. 이렇듯 다양한 투자 상품에 대해 알고 있으면 새로운 투자 기회를 포착하거나 투자 위험을 줄일 수 있다. 그러므로 재테크할 때 가능하면 포트폴리오를 다각화하고 전략적으로 접근하는 것이 좋다.

셋째, 과거에 비해 국가의 복지 제도가 크게 확대되었으나 아직도 양과 질

노후는 자기 자신이 책임져야?

"우리 세대야 부모님이 직접 챙겼지만 요즘엔 안 그래요. 본인들 먹고살기도 바쁜데… 노후는 알아서 설계해야죠!"

결혼하고 자식을 낳아도 부모님만큼은 모시고 살자는 58년 개띠 세대는 일명 '끼인 세대'라고 불린다. 아래는 자녀, 위로는 부모까지 챙겨야 하니 그 고충은 이루 말할 수가 없다. 하지만 다음 세대는 다르다. 부모를 가족이 모시는 게 아니라 정부와 사회가 책임져야 한다고 생각하는 세대다. 최근 통계청이 발표한 사회 조사에 따르면 62.1%에 달하는 국민은 "부모 부양은 가족과 더불어 정부와 사회가 함께 책임져야 한다"고 답했다. 2008년 조사에서 41%의 국민이 부모 부양은 가족에게 책임이 있다고 답했다. 반면 2022년에는 19.7%만이 가족이 직접 부모님을 부양해야 한다고 했다. 결국 은퇴 이후의 삶은 국민연금에 기대거나 다른 일을 찾아야 하는 것으로 풀이된다.

그렇다면 이들이 받는 월평균 연금은 얼마일까? 올해 3월 기준 부부 수급자는 54만 3,491쌍. 이들의 평균 연금 월액은 89만 2,202원이다. 7월 기준에서 보면 개인당 평균 국민연금은 58만 원 수준이다. 직장인이 체감하는 정년퇴직 평균 연령은 잡코리아가 2021년 10월 직장인 534명을 대상으로 조사한 결과 만 51.7세. 한국인 평균 수명이 83세인데 은퇴 후 적어도 30년은 수입이 있어야 한다는 것이다. 하지만 현실은 은퇴 후 경제 활동마저 쉽지 않은 상황이다. 통계청이 조사한 국내 노인 취업률 추이를 보면 2020년 65세 이상 전체 노인 중 63.1%가 취업하지 않았다. 36.9%만이 경제 활동을 하고 있다. 이규혁 한국사회복지단체협의회 산하 노인복지연구단 단장은 본지에 "은퇴까지 모아둔 부동산 혹은 적금 등이 없으면 일해야 하거나 자녀의 경제적 도움을 받아야 하는 것이 현실"이라고 말했다.

출처: 여성경제신문, 김현우 기자, 2022. 12. 6. (https://www.womaneconomy.co.kr)

적인 면에서 부족하고, 거기다 혜택을 전혀 받지 못하는 사각지대도 존재한다. 미래에는 기대 수명 100세 시대인데 오히려 직장인들의 퇴직 연령은 50세 초반으로 낮아지고 있다. 게다가 낮은 출산율과 더불어 베이비붐 세대의

노년층 진입, 평균 수명 연장 등으로 우리나라는 OECD 국가 중 가장 빠른 인구 구조 변화를 보여 2025년 초고령 사회 진입이 예상된다. 이렇게 인구가 고령화됨에 따라 의료 및 식품에 대한 더 많은 재정적 지원이 필요하여 부담이 가중되고 있다. 따라서 국가는 지속적으로 복지를 확대할 필요성이 있다. 문제는 국가의 재정 확보이다. 지금 같은 복지 정책은 우리 청년들에게 자칫 큰 부담을 줄 수 있다. 그렇기 때문에 복지에 대한 완급 조절과 사회적 합의가 필요하다. 이런 맥락에서 일정 부분은 개인이 자신의 노후에 대해 고민하고 준비하고 책임지는 자세가 필요하다.

(4) 주식 유통 시장

우리나라의 주식 시장은 발행 시장과 유통 시장으로 나뉜다. 발행 시장(primary market)은 기업이 자금이 필요할 때 거래소를 통해 기업 공개(IPO: initial public offering), 즉 상장을 하고 자본금을 조달하는 시장을 말한다. 유통 시장(secondary market)은 이렇게 발행된 주식이 거래되는 시장을 말한다. 유통 시장은 유가 증권 시장, 코스닥, 코넥스, 프리보드 시장 등으로 구분된다.(freeboard: 장외 시장, 유가 증권 시장 및 코스닥 시장에 상장되지 않은 주권의 매매 거래를 위해 한국금융투자협회가 개설하고 운영하는 증권 시장)

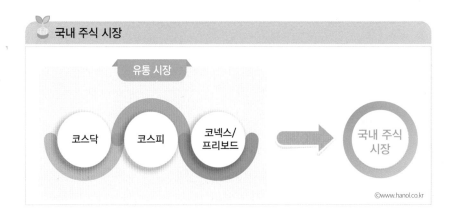

국내 주식 시장

©www.hanol.co.kr

먼저 유가 증권 시장은 한국거래소(KRX)가 운영하는 시장으로 엄격한 상장 요건을 갖춘 기업의 주식이 상장(listing)되어 거래되는 시장이다. 즉 코스피 시장을 말하며 이미 주식 시장에서 경영 성과, 사업성 등이 검증된 기업들이 많다. 반면에 코스닥 시장은 원래 미국의 나스닥(NASDAQ)을 벤치마킹해서 코스닥(KOSDAQ)을 통해 매매하는 시장으로 출발했으나 2005년 1월 기존의 증권 거래소와 코스닥 시장, 선물 거래소가 통합 거래소 체제로 일원화했다. 코스닥은 유가 증권 시장보다는 상장 기준이 완화된 편이어서 신생 기업이나 중소기업, 벤처 기업이 많은 것이 특징이다. 그러므로 종목에 따라 다르긴 하지만 일반적으로 코스피 시장보다는 코스닥 시장이 위험하다. 투자 계획(포리폴리오)을 세울 때 이러한 주식 시장의 특성을 반드시 고려해야 한다.

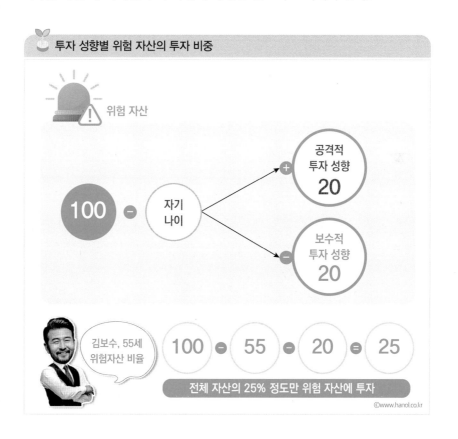

투자 성향별 위험 자산의 투자 비중

위험 자산

100 - 자기 나이

공격적 투자 성향 20

보수적 투자 성향 20

김보수, 55세 위험자산 비율

100 - 55 - 20 = 25

전체 자산의 25% 정도만 위험 자산에 투자

©www.hanol.co.kr

 Tip

종합 주가 지수란?

- 종합 주가 지수

증권 시장에 상장된 기업의 전체적 주가를 기준 시점과 비교하여 나타내는 지표이다. 주식 시장 전체의 움직임을 파악하기 위하여 작성하며 우리나라 경제 상황을 총체적으로 보여주는 지표이다.

- 종합 주가 지수 산출 방식

우리나라는 증권 거래소가 1964년 1월 4일을 기준 시점으로 다우존스식 주가 평균을 지수화한 수정 주가 평균 지수를 산출, 발표하기 시작했다. 다우존스식 주가 지수는 주가 지수를 구성하는 상장 종목 중 일부 우량주만을 선정하여 산출하는 방식이다. 그 후 시장 규모가 점차 확대됨에 따라 1972년 1월 4일부터는 지수의 채용 종목을 늘리고 기준 시점을 변경한 한국 종합 주가 지수를 발표했고 매년 지수의 채용 종목 수를 변경해 왔다. 그러나 증권 시장의 지속적 발전과 함께 증권 분석의 새롭고 다양한 이론이 등장하면서 다우존스식 주가 지수가 가지고 있는 문제점이 계속 노출됨에 따라 거래소는 시장 전체의 전반적인 주가 동향을 보다 정확히 나타내기 위하여 1983년 1월 4일부터 시가 총액식 주가 지수로 전환하여 산출, 발표하고 있다.

시가 총액식 주가 지수는 일정 시점의 시가 총액과 현재 시점의 시가 총액을 대비, 현재의 주가 수준을 판단하는 방식이다. 즉, 지난 1980년 1월 4일 기준 상장 종목 전체의 시가 총액을 100으로 보고 현재 상장 종목들의 시가 총액이 어느 수준에 놓여 있는지를 보여주는 시스템이다.

종합 주가 지수 = (비교 시점의 시가 총액 ÷ 기준 시점의 시가 총액) × 100

출처: 네이버 지식백과

💲 국내 종합 주가 지수

코스피

3,296.68

10.00 ▲0.30%

외인 -86   기관 -519   개인 315

코스닥

1,029.96

7.44 ▲0.73%

외인 783   기관 528   개인 -1,158

©www.hanol.co.kr

💲 미국 종합 주가 지수

다우 산업 DJI@DJI 미국 │ 2023.05.31 16:30 현지시간 기준 │ 15분 지연제공

32,908.27
전일대비 ▼134.51 -0.41%

| 전일 33,042.78 | 고가 32,984.63 | 52주 최고 34,712.28 |
| 시가 32,948.71 | 저가 32,739.73 | 52주 최저 28,660.94 |

나스닥 종합 NAS@IXIC 미국 │ 2023.05.31 16:15 현지시간 기준 │ 15분 지연제공

12,935.29
전일대비 ▼82.14 -0.63%

| 전일 13,017.43 | 고가 13,029.08 | 52주 최고 13,181.09 |
| 시가 12,968.38 | 저가 12,889.37 | 52주 최저 10,088.83 |

S&P 500 SPI@SPX 미국 │ 2023.06.02 17:21 현지시간 기준 │ 10분 지연제공

4,282.37
전일대비 ▲61.35 +1.45%

| 전일 4,221.02 | 고가 4,290.67 | 52주 최고 4,325.28 |
| 시가 4,241.01 | 저가 4,241.01 | 52주 최저 3,491.58 |

성공 예감 재테크 투자

세계 주요 종합 주가 지수

독일 DAX XTR@DAX | 독일 | 출 2023.05.31 17:37 현지시간 기준 | 15분 지연제공

15,664.02
전일대비 ▼244.89 -1.54%

전일 15,908.91	고가 15,871.70	52주 최고 16,331.94
시가 15,757.43	저가 15,629.12	52주 최저 11,862.84

선차트 3개월 1년 3년 5년 10년 　 봉차트 일봉 주봉 월봉

최고 16,331.94 (05/19)
16,801.80
16,213.42
15,624.94
15,436.46
15,047.98
14,659.51
14,271.05
최저 14,458.39 (09/20)
[거래량]
05/31 09/03 09/12 03/23 04/14 04/28 05/05 05/12 05/26

프랑스 CAC 40 PAS@CAC40 | 프랑스 | 출 2023.05.31 17:35 현지시간 기준 | 15분 지연제공

7,098.70
전일대비 ▼111.05 -1.54%

전일 7,209.75	고가 7,185.13	52주 최고 7,581.26
시가 7,136.17	저가 7,083.60	52주 최저 5,628.42

선차트 3개월 1년 3년 5년 10년 　 봉차트 일봉 주봉 월봉

최고 7,581.26 (04/24)
7,815.48
7,418.38
7,021.38
6,624.20
6,227.20
5,830.10
5,433.14
최저 5,628.42 (09/29)
[거래량]
05/31 09/03 09/12 03/01 04/03 05/02

영국 FTSE 100 UNS@FTSE100 | 영국 | 출 2023.05.31 16:40 현지시간 기준 | 15분 지연제공

7,446.14
전일대비 ▼75.93 -1.01%

전일 7,522.07	고가 7,522.07	52주 최고 8,047.06
시가 7,522.07	저가 7,446.14	52주 최저 6,707.62

선차트 3개월 1년 3년 5년 10년 　 봉차트 일봉 주봉 월봉

최고 8,047.06 (02/16)
8,221.91
7,947.20
7,672.50
7,397.79
7,123.09
6,848.38
6,573.68
최저 6,707.62 (10/13)
[거래량]
05/31 09/03 09/12 03/01 04/03 05/02

니케이225 NII@NI225 | 일본 | 출 2023.06.01 11:35 현지시간 기준 | 20분 지연제공

30,976.43
전일대비 ▲88.55 +0.29%

전일 30,887.88	고가 31,185.05	52주 최고 31,560.43
시가 30,886.01	저가 30,853.44	52주 최저 25,520.23

선차트 3개월 1년 3년 5년 10년 　 봉차트 일봉 주봉 월봉

최고 31,560.43 (05/29)
32,325.27
31,090.43
29,855.59
28,620.74
27,385.90
26,151.05
24,916.21
최저 25,520.23 (06/20)
[거래량]
05/31 07/04 09/01 09/03 11/01 12/01 01/01 02/01 03/01 04/03 05/02

상해종합 SHS@000001 | 중국 | 출 2023.06.01 10:47 현지시간 기준 | 15분 지연제공

3,223.93
전일대비 ▲19.36 +0.60%

전일 3,204.57	고가 3,224.39	52주 최고 3,424.84
시가 3,196.16	저가 3,189.52	52주 최저 2,885.09

선차트 3개월 1년 3년 5년 10년 　 봉차트 일봉 주봉 월봉

최고 3,418.95 (05/09)
3,461.21
3,400.26
3,355.92
3,302.37
3,249.45
3,196.48
3,142.53
최저 3,166.57 (05/25)
[거래량]
02/28 03/03 03/10 03/17 03/24 03/31 04/07 04/14 04/21 04/28 05/12 05/19 05/26

항생 차이나기업(H) HSI@HSCE | 홍콩 | 출 2023.06.01 10:46 현지시간 기준 | 15분 지연제공

6,234.63
전일대비 ▲71.29 +1.16%

전일 6,163.34	고가 6,236.56	52주 최고 7,918.12
시가 6,136.93	저가 6,136.93	52주 최저 4,919.03

선차트 3개월 1년 3년 5년 10년 　 봉차트 일봉 주봉 월봉

최고 7,918.12 (06/28)
8,259.12
7,852.45
7,045.79
6,439.12
5,832.45
5,225.79
4,619.12
최저 4,919.03 (10/31)
[거래량]
05/31 07/04 09/01 09/03 11/01 12/01 01/01 02/01 03/01 04/03 05/02

(5) 정보 수집/분석

정보는 다양한 채널을 이용해서 수집하는 것이 좋다. 과거에는 기존의 데이터 관리 및 분석으로는 알 수 없었던 것을 4차 산업 혁명 시대에는 인터넷 환경을 이용하여 막대한 양의 빅데이터(Bigdata)를 수집, 분석, 활용하는 기법이 가속화되고 있다.

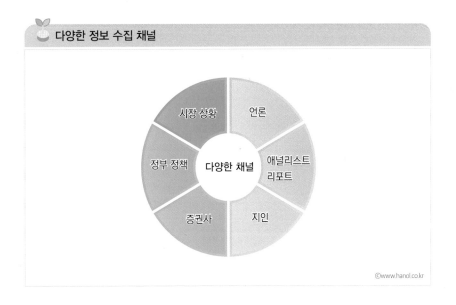

다양한 정보 수집 채널

©www.hanol.co.kr

예를 들면, 과거 기업들은 소비자의 욕구를 파악하기 위해 소비자에게 직접 물어보거나(설문 방식) 어디에서 얼마를 구매했는지를 (전산)데이터를 분석하여 마케팅 전략에 활용했다. 그러나 최근에는 기업들이 고객들의 광범위한 빅데이터를 수집·분석하여 고객들의 욕구 파악은 물론 앞으로 어떤 구매 행동을 할 것인가를 미리 예측하여 맞춤형 마케팅 전략을 시행하고 있다.

같은 맥락에서 주식 투자와 같은 중요한 결정을 할 때는 수많은 정보 중에서 의사 결정에 필요한 정보를 선택적으로 수집·분석해서 활용하는 능력이 필요하다. 즉 계량화된 자료를 어떻게 선별·분석하여 투자 결정의 유용성을

높이느냐가 관건이다. 또한 합리적인 의사 결정을 하기 위해서 정보화 능력
은 필수이다.

　정보 처리 과정은 다음과 같다. 제1장의 합리적인 투자 결정과 같이 공부하
면 더욱 효과적이다.

정보 처리 과정

단계별	핵심 내용
정보의 수집	의사 결정에 필요한 정보를 수집하는 단계이다. 정보는 다양한 채널과 신뢰성 있는 정보 원천에서 수집한다. 또한 필요한 시점에서 최근의 자료부터 수집한다.
정보의 분석	수집된 정보를 사용 목적이나 내용의 성격에 맞게 분류하고 다각적으로 비교·분석한다.
정보 가공 및 정보화	사용 목적에 맞게 재편집하여 정보로서의 활용 가치를 높이는 단계이다. 즉 의미 있는 정보, 가치 있는 정보, 목적에 부합하는 정보로 재창출하는 과정이다. 가장 중요한 단계이다.
정보의 활용	가공된 정보는 사용 목적에 부합하는 형태로 내용을 편집하여 적시에 사용할 수 있게 제공한다. 즉 정보를 이용 목적에 따라 활용하는 단계이다.
정보의 평가	분석·가공된 정보를 활용하여 미래 결과를 예측할 수 있어야 한다. 그리고 목표 대비 실행 결과를 평가하고 축적해야 한다.

　한편, 재무제표나 계량 자료를 분석하기 어려운 사람들은 애널리스트
(Analyst)가 분석해놓은 각종 지표나 그래프를 활용하여 종합적으로 판단하는
것도 좋은 방법이다. 경제 지표에는 경제 수지, 무역 수지, 금리, 환율, 소비자
관련 지수 등이 있으며, 기업 분석 지표로는 생산자 물가 지수, 고용 지수, 재
무제표 지표, 경영 분석 지표 등이 있다.

(6) 탑다운과 바텀업

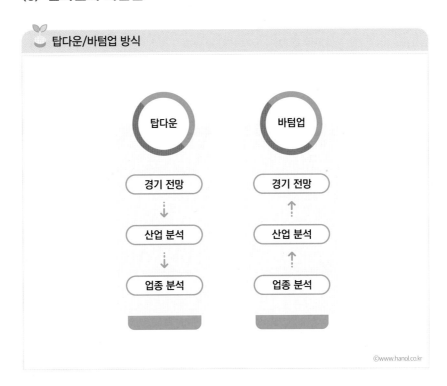

탑다운(Top down)은 위에서 아래로(경제 → 산업 → 기업), 바텀업(Bottom up)은 아래에서 위(기업 → 산업 → 경제)로 분석하는 기법이다. 탑다운과 바텀업, 둘 중 어느 방식이든지 상관없다. 어느 방식이든지 경제, 산업, 기업, 3가지 측면에서 다 살펴봐야 한다. 즉 경제 상황이 호황인지 불황인지, 경제가 좋다면 어느 산업 쪽이 유리한지, 그 산업 중에서 어느 기업의 실적이 좋은지 등을 살핀다. 일반적으로는 탑다운 방식을 많이 사용한다.

"숲을 보고 나무를 보라."라는 격언이 있다. 이는 거시 관점과 미시 관점에서 주식 시장의 흐름과 상황 그리고 기업을 같이 이해할 필요가 있다는 뜻이다. 위의 두 가지 방법 중에서 한 가지 방법을 주로 사용하되 다른 방법도 상황에 따라 적절히 혼용해서 사용하면 좋다.

② 주식 용어/격언

(1) 주식 용어

- 발행가: 발행된 주식의 가격
- 주가: 주식의 가격(현재가)
- 상장 회사: 한국증권거래소(krx)에 상장된 주식회사
- 홀딩스: 지주 회사
- 지분율: 주식의 소유 비율
- 매도: 주식을 팔 때
- 매수: 주식을 살 때
- 시가: 당일 첫 거래가
- 종가: 당일 종료 거래가
- 고가: 당일 가장 높게 올라간 주가
- 저가: 당일 가장 낮게 내려간 주가
- 상한가: 당일 올라갈 수 있는 최대 주가(30%)
- 하한가: 당일 내려갈 수 있는 최하 주가(30%)
- 유상 증자: 주식회사가 자금이 필요할 때 기존 주주들을 대상으로 시가보다 저렴하게 발행하는 자본의 증액 방식(유통 주식 수가 늘어나기 때문에 주가에 부정적 효과)
- 무상 증자: 기존 주주들에게 주식 대금을 받지 않고 주식을 나누어 주는 자본의 증액 방식(기존 주주들은 좋지만 유통 주식 수가 늘어나 주가에 부정적 효과)
- 미수금: 3일 이내 돈을 입금하는 조건으로 외상으로 주식을 매수
- 증거금: 해당 주식 매수 시 기본적으로 가지고 있는 현금으로 매수 가능한 금액(예 현금 보유 40만 원, 증거금 40% 종목 → 해당 종목 100만 원 매수 가능, 60만 원에 대해서는 미수금)

- 우선주, 보통주: 주식은 의결권과 배당의 우선순위에 따라 보통주와 우선주로 구분, 종목명 옆에 '우'라고 표시된 것은 우선주를 뜻하며 우선주는 보통주에 비해 배당이나 잔여 재산의 분배에 우선적으로 요구할 수 있는 주식
- 거래량: 당일 거래된 주식의 수량
- 거래 대금: 당일 거래된 주식 수량 × 주가

(2) 주식 격언

주식과 관련된 수많은 격언이 있고 격언마다 깊은 뜻을 함의(含意)하고 있다. 그것을 제대로 이해하면 주식을 투자할 때 큰 도움이 된다.

- 차트는 시세의 길잡이다.(과거 → 현재 → 미래 예측 가능: 기업의 모든 것이 담겨 있다.)
- 숲을 보고 나무를 보라.(거시 환경, 미시 환경을 다 살펴봐야 한다.)
- 사는 것보다 파는 게 중요하다.(최종 수익이 중요하다.)
- 소문에 사고 뉴스에 팔아라.(호재는 소문에 선(先) 반영된다.)
- 주식과 개구리 뛰는 방향은 신도 모른다.(그만큼 변동성이 크다.)
- 달걀은 한 바구니에 담지 마라.(분산 투자, 위험 관리)
- 떨어지는 칼날은 붙잡지 마라.(추가 하락의 가능성이 높다.)
- 무릎에서 사서 어깨에 팔아라.(욕심내지 말자, 적정 수익)
- 충동 구매는 후회의 근본이다.(합리적 판단이 중요하다.)
- 팔고 나서 올라도 애통해하지 마라.(미련을 버리고 다음 투자 기회를 생각하자.)
- 쉬는 것도 투자다.(쉬면서 시장을 관찰하라, 새로운 기회 포착 준비)
- 시장 분위기에 도취되지 마라.(이성적이고 냉철한 투자 자세를 견지하자.)
- 시장은 반복된다.(의심 NO, 믿어라.)
- 욕심은 금물이다.(패가망신의 지름길이다.)
- 확신이 있으면 과감하게 투자하라.(강한 신념, 엇박자 투자)

- 종일 시세판을 쳐다보고 있어도 돈을 벌 수 없다.(오히려 삶이 피폐해진다.)
- 움직이지 않는 주식에는 손대지 마라.(남들이 선호하는 종목 선택)
- 천재지변이나 돌발 사태로 인한 하락은 사라.(경제에 미치는 영향의 크기를 살펴라.)
- 내부자의 조언도 100% 믿어서는 안 된다.('너만 알고 있어!'는 주의)
- 주식은 기다림의 미학(뚜벅뚜벅, 장기 투자, 가치 투자)
- 공포에 사라.(공포를 극복하는 힘, 강한 신념)

③ 직접 투자와 간접 투자

대부분의 재테크 상품은 직접 투자는 물론 간접 투자도 가능하다. 즉, 선택의 문제이다. 전자는 자신이 직접 투자 상품을 고르고 투자해 그 결과에 대해서 책임지는 방식이며, 후자는 재테크에 전문 지식이나 시간이 없을 때 전문가인 펀드 매니저(fund manager)에게 위탁하는 방식이다. 전자의 경우는 물론 후자의 경우에도 투자 손실이 발생할 경우 전적으로 자신의 책임이다. 둘 중의 어느 방식이든 자유롭게 선택할 수 있으나 기본적으로 자신이 투자한 상품에 대한 어느 정도의 이해와 판단 능력은 필요하다. 지나치게 타인에게 의존하는 것은 바람직하지 않다.

🌱 직접 투자/간접 투자

종목의 선택, 분산, 매수 및 매도 직접 수행 / 직접 투자 / 간접 투자 / 개인을 대신하여 전문가가 수행 (펀드매니저에게 위탁)

©www.hanol.co.kr

(1) 직접 투자

개인 투자자가 직접 주체가 되어 주식 시장을 분석하고 투자 상품을 선택하여 그 결과에 책임지는 방식이다. 즉 투자자 자신의 판단하에 주식 등 유가 증권에 직접 투자하는 것을 말한다. 일반적으로 직접 투자 상품은 주식, 국공채, 회사채, 금융채 등이 있다. 과거에는 개인들이 외국인 투자자나 기관 투자자에게 일방적으로 당하는 경우가 많았으나 이제는  개인들도 전문 지식으로 무장하고 직접 투자를 선호하는 사람들이 늘어나고 있다.

직접 투자와 간접 투자는 일장일단이 있다. 직접 투자의 장점은 자신의 의사를 100% 반영할 수 있고 시시각각 변화는 시장의 흐름에 빠르고 유연하게 대응할 수 있다. 투자금도 빠르게 현금화할 수 있다. 또한 투자자는 정보 수집 능력이나 전문 지식, 경험 등을 통해 전문성이 축적되고 투자 성과가 좋으면 자부심도 느낄 수 있다. 직접 투자의 단점은 단기간에 전문성을 갖추기 쉽지 않아 "조금 안다는 것이 더 위험하다."라는 주식 격언처럼 정보력, 분석력 등이 떨어져 위험에 빠질 수 있다. 또한 큰 수익 없이 사고팔기를 반복하면 수수료만 발생되며 자신의 생각처럼 투자가 잘 안 될 경우 스트레스에 시달릴 수 있다.

(2) 간접 투자

직접 투자와 달리 간접 투자는 자신이 직접 투자 시장에 대해 분석할 필요 없이 전문 투자자에게 맡기는 방식이다. 즉 전문적인 지식이 부족하거나 투

자 여건이 여의치 않을 때 펀드 매니저에게 위탁하는 것이다. 펀드 매니저는 증권사나 고객이 위탁한 자산을 운용하여 수익을 창출하며 그 대가로 운용 수수료 또는 판매 수수료를 받는다. 펀드는 일반적인 주식, 채권 등에 투자하기도 하고 국내나 해외에 투자하는 등 투자 방식은 다양하다. 자산 운용 회사에서 운용하는 펀드는 주식, 채권, 부동산 등에 투자한 후 그 실적을 고객에게 배분해주는 실적 배당형 상품이다.

간접 투자의 장점은 투자는 전문가에게 맡기고 자신은 생활이나 일에 집중할 수 있다는 점이다. 또한 적은 돈으로도 투자할 수 있고 분산 투자로 어느 정도 위험을 줄일 수 있으며 어느 정도 수익도 기대할 수 있다. 단점은 자산 가격의 변동에 따라 가치가 변하는 실적 배당형 상품이 대부분이므로 원금 손실을 볼 수 있다는 것이다. 전문가에게 투자를 맡기기 때문에 비용이 들고 유능하고 책임감 있고 윤리 의식이 있는 펀드 매니저를 만나기도 쉽지 않다.

💲 간접 투자 상품

간접 투자 상품에는 적립식 펀드, 주가 지수 연동 정기 예금, 주가 지수 연동 증권, 주가 지수 연동 펀드, 금융채, 후순위채, 뮤추얼 펀드(MutualFund), 수익 증권 등이 있다.

수익 증권은 고객에서 받은 돈으로 기금(Fund)을 만들어 이를 펀드 매니저가 주식, 채권 등 유가 증권에 투자하고 여기에서 발생한 수익을 고객에게 배분해주는 투자 신탁 상품이다. 유가 증권 종류별로 투자 비율에 따라 주식형, 채권형, 혼합형으로 분류된다. 한편, 뮤추얼 펀드(Mutual Fund)는 유가 증권 투자를 목적으로 설립된 법인 회사이다. 즉 주식 발행을 통해 투자자를 모집하고 모집된 투자 자산을 전문적인 운용 회사에 맡겨 그 운용 수익을 투자자에게 배당금의 형태로 되돌려 주는 투자 회사이다. 투자자가 수익자이자 주주라는 것이 수익 증권과 다른 점이다. 뮤추얼 펀드도 수익 증권과 마찬가지로 주식형, 채권형, 혼합형으로 분류되며 중도 환매 가능 여부에 따라 중도 해지가 불가능한 폐쇄형과 중도 해지가 가능한 개방형이 있다.

펀드 가입은 종합 주가 지수가 크게 떨어졌을 때(저점 구간) 가입하는 것이 절대적으로 유리하다. 부득이하게 종합 주가 지수가 올랐을 때 펀드를 가입하려면 목돈을 예치하기보다는 매월 적립하는 방법이 좋다. 그래야 시장 상황에 따라 유연하게 대응할 수 있고 큰 수익도 기대할 수 있다.

수익 증권 투자 요령

수익 증권이란 원금과 신탁 재산의 운용에서 생긴 이익에 대해 분배받을 수 있는 권리가 명시된 유가 증권을 말한다. 보통 투자 신탁 운용 회사가 발행해서 고객에게 판매한다. 이 같은 수익 증권은 투자 대상에 따라 주식형, 채권형, 혼합형으로 분류된다. 흔히 주식형 펀드, 채권형 펀드 등 이름 뒤에 펀드라는 말을 붙인다. 여기서 말하는 펀드란 고객의 투자 자금을 모은 기금(基金)을 말하며, 이 기금을 관리·운용하는 전문가를 펀드 매니저라고 부른다.

수익 증권 투자는 생각만큼 쉽지 않다. 직접 투자와 마찬가지로 투자 위험이 크다고 볼 수 있다. 상품 종류가 너무 많아 상품을 선택하는 일도 쉽지 않다. 예를 들어 주식형 펀드만 하더라도 주식 투자 비중에 따라 성장형(주식 투자 비중 70% 이상), 안정 성장형(주식 투자 비중 30~70%), 안정형(주식 투자 비중 30% 안팎) 등으로 나뉜다. 또 채권형 펀드라고 해서 100% 안전한 것도 아니다. 채권 시가 평가제가 실시되면서 채권 가격이 그대로 반영돼 가입 후 채권 가격이 폭락하면 원금 손실을 볼 수도 있다. 따라서 수익 증권에 투자할 때는 우선 자신의 투자 성향을 감안하고 상품을 골라야 한다. 좀 손해를 보는 한이 있더라도 공격적으로 투자하고 싶을 땐 주식 투자 비중이 높은 상품을 골라야 하고, 반대로 안정성을 중시하는 투자 성향을 가진 투자자라면 채권형이나 혼합형 펀드가 좋다. 또 주식·채권 투자의 경우 타이밍이 중요한 만큼 시장 상황을 잘 지켜보고 있다가 투자 적기(適期)를 잡는 일이 중요하다. 전문가들이 권고하는 간접 투자의 적기는 다음과 같다.

첫째, 종합 주가 지수가 옆걸음질 칠 때이다. 주식에 가격이 있는 것처럼 간접 투자 상품에도 가격이 있다. 예컨대 주식형 수익 증권은 기준 가격으로, 거래소 또는 코스닥 시장(장외 주식 거래 시장)에 상장돼 거래되는 뮤추얼 펀드는 그때그때 형성되는 시장 가격으로 값어치가 결정된다. 물론 대부분 간접 투자 상품의 가격은 주가에 따라 오르고 내린다. 투자 대상이 주식이기 때문이다. 종합 주가 지수가 큰 폭으로 떨어진 상황에서는 간접 투자 상품의 가격도 약세를 면치 못한다.

주식은 '쌀 때 사야 하는 것'처럼 간접 투자 상품 가입 시점도 주가 지수가 바닥일 때 사는 게 유리하다. 그런데 대부분의 초보 투자자들은 주가가 폭락하면 지레 겁부터 먹기 일쑤다. 그런 다음 투자 기회를 다음으로 미룬다. 타이밍을 놓치는 순간이다. 주가가 큰 폭 하락한 다음 설정되는 간접 투자 상품은 거꾸로 싼 주식을 살 수 있기 때문에 투자자 입장에서는 주식 투자의 호기가 되는 셈이다.

둘째, 주식형 펀드 잔고가 늘어날 때이다. 주식 시장에선 거래량이 바닥에서 옆걸음 치다가 상승하는 시점에는 흔히 주가가 오른다. 주식 투자를 하는 사람이 많아지고 거래량이 늘어나면서 주가가 상승하는 것이다. 주식형 수익 증권의 잔고(수탁고)는 주식 시장의 거래량과 비슷한 개념이다. 주식형 수익 증권 잔고가 바닥 수준에서 점차 증가하는 시점. 또는 바닥에서 옆걸음 치는 시점에서 주식형 펀드에 가입하는 게 수익률을 올릴 수 있는 비결이다.

셋째. 투자 신탁 회사들이 스폿 펀드를 대거 팔기 시작하는 시점을 가입 시기로 잡는 것도 좋다. 스폿 펀드란 목표 수익율이 달성되면 만기 여부와 상관없이 곧바로 상환하는 주식형 펀드를 말한다. 투신사들은 단기간에 주가 상승률 이상의 높은 수익이 기대되는 시점을 포착, 스폿 펀드를 판다. 아무 때나 스폿 펀드를 파는 게 아니라는 점을 염두에 둘 필요가 있다. 가능한 짧은 시간에 높은 수익을 얻으려는 스폿 펀드가 앞다퉈 발매되면 그만큼 주식 수요가 많아지고 주가 상승으로 이어진다.

넷째. 신문의 헤드라인에 '연일 폭락세로 개미 투자자 울상', '회복 기미 불투명. 조정 장세 언제 탈출할까' 등의 제목이 등장할 때가 간접 투자에 관심을 가질 만한 시점이다. 초보 투자자는 겁부터 먹지만 전문 투자가는 이때를 '호기'로 본다. 채권형 펀드 역시 타이밍이 중요하다. 채권 가격이 연일 폭락해 바닥에 이르렀다고 판단될 때 가입하는 것이 좋다. 반대로 채권 가격이 연일 올라 과열 조짐을 보일 때 가입하면 '상투'를 잡을 가능성이 매우 높다.

출처: 이광회 외 2인(2001),《돈, 아는 만큼 보인다》, 21세기북스

④ 주식 투자 원칙

재테크는 반드시 투자 배분의 3요소(안전성, 수익성, 환금성)를 고려하여 포트폴리오를 구성해야 한다. 아무리 투자 경험이 많은 사람이라도 이것을 지키지 않는 순간 위험에 빠질 수 있다.

1	언제나 합리적인 투자 결정을 하라.
2	가능하면 여유 자금으로 투자하라.
3	목표 수익률을 낮게 가져가라.
4	분할해서 매수하고 매도하라.
5	손절매를 확실히 하라.
6	다른 투자자들과 반대로 행동하라.
7	자신만의 노하우(knowhow)를 갖고 시장의 흐름에 유연하게 대응하라.

©www.hanol.co.kr

(1) 언제나 합리적인 투자 결정을 하라

앞서 재테크의 기초에서 합리적인 투자 결정에 대해 언급했듯이 투자는 장기적인 관점에서 객관적인 정보나 자료를 분석하여 합리적으로 결정해야 한다. 합리적인 투자란 객관적, 논리적, 체계적, 분석적 의미를 내포한다. 지나치게 주관적인 직관이나 느낌만으로 결정하는 것은 극히 경계해야 한다.

(2) 가능하면 여유 자금으로 투자하라

주식은 고위험, 고수익(high risk, high return!) 상품이다. 주식 시장이 내 생각대로만 움직이면 얼마나 좋겠는가? 그러나 반대로 움직이는 경우가 태반이다. 즉 내가 사면 내려가고 내가 팔면 올라가는 경우가 의외로 많다. 그럴 때 신용이나 대출로 주식을 사게 되면 매매 타이밍을 내 의지대로 가져가기 힘들다. 그러면 초조해지고 잘못된 판단을 하게 된다. 반면 여유 자금으로 투자하면 설사 시장 흐름이 내 생각과 다르게 움직여도 상황에 맞게 유연하게 대처할 수 있다. 무리한 대출이나 신용 대출 등의 방법으로 자금을 조달하여 일확천금을 노리는 것은 특히 자제해야 한다.

(3) 목표 수익률을 낮게 가져가라

한 방에 홈런을 노려 큰 수익을 낼 수도 있지만 그만큼 삼진당할 위험도 크다. 주식은 변동성이 큰 상품이므로 야구 배트를 짧게 잡고 내야 안타를 친다는 마음으로 임하는 것이 좋다. 욕심은 절대 금물이다. 더 많이 벌려는 욕심으로 매도 타이밍을 놓쳐 큰 손해를 보는 경우도 너무나 많다.

"주식은 무릎에서 사서 어깨에서 팔아라."라는 격언이 있다. 이는 주가가 바닥을 다진 것을 확인한 후 매입하고 어느 정도 오르면 욕심내지 말고 팔아야 한다는 뜻이다. 자신이 투자한 종목의 주가가 어깨까지 오르면 내 종목은 더 오를 것 같은 착각에 빠지게 되고 욕심을 부리게 된다. 따라서 목표 수익률은 은행 예금 금리를 기준으로 5배 정도로 정하는 것이 좋겠다. 주식은 오르면 반드시 내린다는 진리를 잊어서는 안 된다.

(4) 분할해서 매수하고 매도하라

"계란은 한 바구니에 담지 않는다."라는 격언이 있다. 위험성이 큰 상품일수록 분산 투자는 기본이다. 그래야 위험을 분산시키고 시장 변화에 유연하게 대응할 수 있다. 매입/매도할 때 자신의 판단이 100% 맞는 것 같지만 그렇지 않은 경우가 허다하다. 따라서 매입할 때에도 분할 매수, 매도할 때에도 분할 매도하는 것이 현명하다. 감성적으로 좋은 주식 나쁜 주식을 판단하지 말고 이성적 판단으로 주식의 가치와 가격에 집중하자.

(5) 손절매를 확실히 하라

개인 투자자들이 가장 하기 어려운 것이 바로 손절매이다. 애초 샀을 때보다 주가가 떨어지면 대부분 투자자는 다시 올라갈 것으로 기대하면서 기다리는 경우가 많다. 바로 본전 생각 때문이다. 그러나 실제로 떨어지는 주식들은 계속 떨어지는 경우가 더 많다. 기다릴수록 손해만 가중되는 이유이다. 그러다 보니 본의 아니게 장기 투자자가 된다는 우스갯소리도 있다. 이것은 관리하는 것이 아니라 방치 또는 포기하는 것이다. 주식을 매수할 때 미리 몇 퍼센트(10%) 손해를 보면 과감하게 팔고 새로운 종목을 발굴해서 수익을 창출하겠다는 나름의 원칙이 있어야 한다. 이것이 손절매(loss cut)이다.

(6) 다른 투자자들과 반대로 행동하라

하워드 막스(Howard Marks)는 "다른 사람과 똑같이 행동한다면 더 나은 수익률을 기대할 수 없고 다른 사람들보다 상대적으로 우수한 투자 성과를 원한다면 다른 사람들이 아직 몰려들지 않은 자산에 투자해야 한다."라고 주장했다. 이는 2차적 사고의 중요성을 강조한 것이다. 즉 공시된 정보의 함의(슴意)를 정확하게 이해하는 능력 및 기업의 정량적 측면을 분석하는 능력, 미래를 내다보는 능력 등을 길러야 한다는 것이다.(1차적 사고: 기업의 전망이 밝다는 이유로 주가가 상승할 수 있다고 예측해서 주식을 매수하는 행위 → 단순한 사고)

그렇다고 무조건 반대 방향으로 움직이라는 뜻이 아니라 올바른 역투자를 하라는 뜻이다. 그기 위해서는 다른 사람들의 심리, 행동 양식 등을 두루 살펴보고 결정해야 한다. 또한 다른 사람들과 다른 투자 방식이나 투자 시기는 리스크 관리가 중요하다. 자신이 옳다고 판단되면(합리적 판단) 강한 신념을 갖고 과감하게 행동해야 하는데 그기 위해서는 참으로 외롭고 힘들고 대단한 용기가 필요하다. 왜냐하면 이 시기에 대중들의 심리는 대단히 불안정하고 공포에 휩싸여 있기 때문이다.

(7) 자신만의 노하우를 갖고 시장의 흐름에 유연하게 대응하라

어느 정도 주식 투자에 전문 지식과 경험이 쌓이면 자신만의 투자 결정 모델이 있으면 좋다. 그리고 시장 흐름에 유연하게 대응하되 투자 원칙에서 크게 벗어나지 않도록 철저히 관리해야 한다. 사실 세상 이치는 단순하지만 현대를 살아가는 우리가 복잡하게 사는 것일 수도 있다. 주식 투자도 마찬가지다. 투자 원칙을 잘 세우고 철저히 실행한다면 수익도 나고 위험 관리도 잘할 수 있을 것이다.

⑤ 경제와 주가

(1) 경기의 선순환과 악순환

경기의 순환 과정은 1장에서 살펴보았다.(불황 → 회복 → 호황 → 쇠퇴) 이 장에서는 경제와 주가의 상관관계에 대해서 살펴보자. 경기는 가계 소득이 증가하면 선순환의 흐름으로 이어질 가능성이 높은 반면, 가계 소득이 감소하면 악순환으로 이어질 가능성이 높다. 따라서 주식 투자를 할 때 경기와 주식 순환 과정을 면밀히 살펴 결정하는 것이 바람직하다.

❶ 경기 선순환

가계 소득 증가 → 소비 증가 → 기업의 생산 및 고용 증가 → 은행 건실 → 경기 회복

❷ 경기 악순환

가계 소득 감소 → 소비 감소 → 기업의 생산 및 고용 감소 → 은행 부실 → 경기 침체

(2) 경기와 주가 흐름

아래 그림에서 보듯이 주식 시장은 금융 장세 → 실적 장세 → 역금융 장세 → 역실적 장세의 흐름으로 이어지며 이러한 순환 과정은 반복된다. 경기가 앞으로 좋아질 것으로 예상되면 주가가 상승하고 경기가 나빠질 것으로 예상되면 주가도 하락한다. 그러나 주가는 보통 경기 흐름에 3~6개월 선(先) 반영된다. 주식 시장의 주기별 특징을 살펴보면 다음과 같다.

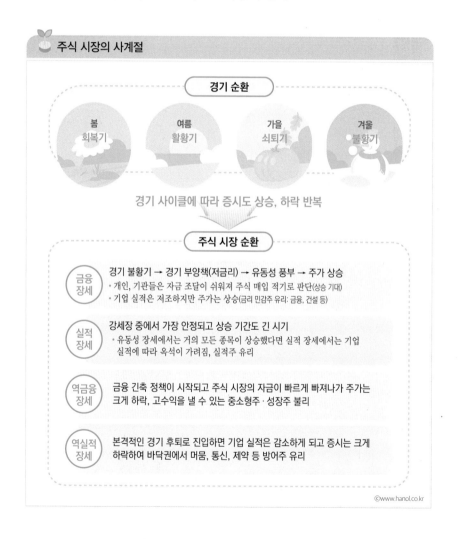

주식 시장의 사계절

경기 순환

봄
회복기

여름
활황기

가을
쇠퇴기

겨울
불황기

경기 사이클에 따라 증시도 상승, 하락 반복

주식 시장 순환

금융 장세
경기 불황기 → 경기 부양책(저금리) → 유동성 풍부 → 주가 상승
• 개인, 기관들은 자금 조달이 쉬워져 주식 매입 적기로 판단(상승 기대)
• 기업 실적은 저조하지만 주가는 상승(금리 민감주 유리: 금융, 건설 등)

실적 장세
강세장 중에서 가장 안정되고 상승 기간도 긴 시기
• 유동성 장세에서는 거의 모든 종목이 상승했다면 실적 장세에서는 기업 실적에 따라 옥석이 가려짐, 실적주 유리

역금융 장세
금융 긴축 정책이 시작되고 주식 시장의 자금이 빠르게 빠져나가 주가는 크게 하락, 고수익을 낼 수 있는 중소형주·성장주 유리

역실적 장세
본격적인 경기 후퇴로 진입하면 기업 실적은 감소하게 되고 증시는 크게 하락하여 바닥권에서 머뭄, 통신, 제약 등 방어주 유리

©www.hanol.co.kr

❶ 금융 장세

유동성 장세라고 한다. 경기 불황이 장기간 지속되면 정부는 반드시 경기 부양책을 내놓는다. 대표적인 방법이 금리를 인하하거나 채권을 사들여 시중에 돈을 푸는 것이다. 그러면 개인이나 기업들은 자금 조달이 쉬워져 주식 매입 적기로 판단한다. 이 시기에 기업 실적은 아직 저조하지만 풍부한 유동성의 힘에 의해 주가는 크게 상승하기 시작한다. 이 시기의 투자 시점은 정부가 부양 정책을 내놓기 직전이 바람직하다. 가장 먼저 반응하는 종목은 금융, 건설, 대형 우량주와 같이 경기에 민감한 종목들이다. 외국인이나 기관들 모두 매수하기 때문에 가장 빠르고 가장 크게 상승하는 구간이다.

❷ 실적 장세

실적 장세는 강세장 중에서 가장 안정되고 상승 기간도 긴 구간이다. 그러나 유동성 장세에서 대부분 주가가 크게 상승했기 때문에 실적 장세에서는 실제로 어느 기업의 실적이 좋아졌는지 옥석을 가려 투자하는 것이 포인트다. 왜냐하면 이 시기가 지나면 경기가 과열 국면을 보이고 물가 상승 우려가 나타나면서 주가는 서서히 정점으로 치닫기 때문이다. 이 시기의 투자 전략은 주가가 정점에 치닫기 전에 분할 매도를 시작하고, 주식을 매수하려는 사람은 조정 기회가 올 때를 기다렸다가 선별적(우량 종목)으로 투자하는 것이 바람직하다. 여기에서(실적 장세 끝자락) 무리하게 매수하면 상투를 잡을 가능성이 높아 위험 관리가 필요하다.

❸ 역금융 장세

역금융 장세는 유동성(1차 상승) 및 실적 장세(2차 상승)에 의해 주가가 많이 오르고 경기도 과열 양상을 보인다. 그러면 정부는 금리 인상, 국채 발행 등을 통해서 시중의 풍부한 유동 자금을 회수하는 정책을 내놓는다. 이러한 긴축 정책이 시작되면 시중의 자금이 빠르게 빠져나가 주가는 하락하기 시작한다.

왜냐하면 개인이나 기업들이 이자 부담을 느껴 투자금을 회수하여 대출을 상환한다든지 금리가 높은 다른 투자처를 찾아 자금을 이동시키기 때문이다. 이 시기에는 "쉬는 것도 전략이다."라는 격언처럼 무리해서 투자하지 말고 시장의 흐름을 지켜보면서 때를 기다리거나 호재가 있는 종목에 한해 투자하는 것이 현명하다.

❹ 역실적 장세

역실적 장세는 실적 장세의 반대이다. 본격적으로 경기가 하락하면 기업 실적은 감소하고 주가도 크게 하락한다. 왜냐하면 주가는 기업의 가치(실적 등)를 반영하기 때문이다. 이 시기에는 통신, 제약 같은 방어주가 유리하지만 무리한 투자는 가급적 자제하는 것이 좋다. 그러나 어느 사이클의 흐름에 있든지 늘 새로운 기회 요인은 있기 때문에 호재가 있는 종목은 언제든지 유연하고 적극적으로 대응해도 좋다. 특히 주식 시장이 침체되어도 외국인이나 기관들은 생계를 위해 업(業)으로 주식 매매를 하지만 개인들은 그럴 필요가 없다. 이럴 때는 시장의 흐름을 예의 주시하면서 경기 침체가 언제 회복될 것인지를 살피며 부화뇌동하지 말고 마음의 중심을 꽉 잡아야 한다. 기다림의 미학이다.

(3) 경기 상황과 주가

 경제 상황과 주가

경제와 주가
- 주가는 경기보다 3~12개월 정도 선행 → 직접적인 영향 관계
- 경기 전망 필수(정보 수집 및 분석 → 상황 분석 → 경기 흐름 예측)

금리와 주가
- 금리가 올라가면 주가는 떨어지고 금리가 내려가면 주가는 올라감
- 금리가 내려가면 개인이나 기업은 이자 부담 적어짐(유동성 풍부)

환율과 주가
- 환율이 오르면 주가가 올라가야 되지만 반드시 그런 것은 아님, 환율이 주가에 미치는 영향은 일률적이지 않음 → 다만 환율이 안정되면 주가에 긍정적 영향
- 환율: 화폐의 교환 비율/1달러 1,000원 또는 2,000원

- 환율 오르면(원화 가치 하락) 수출 유리, 수입 원재료 부담
- 외국 대출: 이자 부담 증가/해외여행 비용 증가/유학비 송금 증가
- 외국 투자자: 환율이 오를 것으로 예상되고 미국 이자 상승 예상 → 매도, 송금

주가와 유가
- 유가가 오르면 제품 원가 상승, 판매가 인상 힘듦 → 국제 경쟁력 저하
- 정유 회사는 오히려 이득 → 인상분을 그대로 소비자 가격에 반영

- 건축 자재 가격 상승: 분양가 반영
- 식용유, 밀가루 등: 제품 가격 상승
- 경유: 가격 상승(휘발유 가격과 비슷)
- 프렌드 쇼어링: 동맹국 간 공급망 구축 영향

©www.hanol.co.kr

6 시장 주도 세력과 투자 전략

주식 시장은 큰 틀에서 보면 외국인, 기관, 개인(일명 개미)이 주도한다. 주식 시장을 누가 주도하느냐에 따라 여러 특징이 나타나는데 이를 고려하여 선제적으로 대응할 필요가 있다.

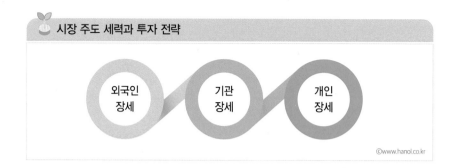

(1) 외국인 투자자의 주도 장세

국내 주식 시장에서 주가 급등락에 가장 많은 영향을 미치는 투자 주체는 말할 것도 없이 외국인과 기관이다. 외국인 투자자는 대부분 해외 기관 투자자들이다. 경기가 침체된 상황에서 정부에서 경기 부양책을 내놓으면 외국인이 제일 먼저 매입하는 종목이 우리나라를 대표하는 대형 우량주이다. 대형 우량주는 시가 총액이 크기 때문에 종합 주가 지수에도 큰 영향을 미친다. 그래서 외국인이 장세를 이끌면 주가 지수는 크게 급등하지만 개인들이 선호하는 중소형주는 오히려 떨어지는 양극화 현상이 일어나는 경우가 많다.

외국인은 한번 주식을 매수하기 시작하면 한동안 꾸준히 매수하고, 한번 매도하기 시작하면 한동안 꾸준히 매도하는 경향이 있다. 그러므로 외국인에 비해 자본금이나 분석력, 정보력에서 열세인 개인들은 외국인보다 한발 먼저 움직이든지 외국인이 매입하는 종목에 빨리 편승하는 것이 좋다. 또한 외국인은 대부분 펀드를 조성해 들어오기 때문에 해외 변수에 민감하다. 특히 외국인 장세에서는 미국 주식 시장의 움직임이나 경제 상황을 확인해야 한다. 그 여파는 국내 주식 시장에 그대로 반영되는 경우가 많아 개인들의 피해가 우려되기 때문이다. 특히 우리나라 주식 시장은 외국인들의 움직임에 민감하다. 이를 작전 세력이 주가 조작에 악용한다. 마치 외국인들이 산 종목처럼 위장하는 것이다.

외국인들의 매수세에서 주의할 점은 검은머리 외국인이다. 이들 중에 실제로는 우리나라 사람도 적지 않다. 증권사나 금융 기관 중에는 해외에서 법인을 만들어 투자 활동을 하는 곳이 있는데, 이 중 펀드 형식으로 국내로 유입되는 것을 역외 펀드라고 한다. 역외 펀드는 내국인이지만 외국인 자격으로 투자한다. 실제로 증권 거래소나 감독원도 역외 펀드의 주체가 외국인인지 내국인인지 구별하기가 어렵다고 한다.

(2) 기관 투자자의 주도 장세

주식 시장이 기관에 의해서 주도되는 시장을 말한다. 기관 투자자는 투신, 은행, 보험, 증권사 등이다. 기관 투자자들은 주식 시장에서 엄청나게 중요한 역할을 한다. 말 그대로 그들이 없다면 주식 시장은 존재할 수 없다고 해도 과언은 아니다. 그만큼 주식 시장의 유동성을 증가시키고 거래 비용을 낮추는 역할을 한다. 이에 거대한 힘을 가진 기관 투자자들의 움직임을 살피는 것은 필수적이다.

개인 투자자 입장에서는 외국인뿐만 아니라 기관의 투자 종목 및 보유 지분율 정보를 파악하는 것은 투자 종목을 선정하는 데 있어서 매우 중요하다. 국내 기관 투자자의 투자 정보 및 매매 동향을 파악하기는 쉽지 않지만 매매 패턴이나 행태에 대해서는 알 수 있다. 개인들이 이들의 움직임을 살펴야 하는 이유는 기관은 고객들이 맡긴 펀드나 연금 같은 큰 자금을 주식, 부동산, 채권 등과 같은 곳에 운용하기 때문에 주식시장에 미치는 영향이 크기 때문이다.

외국인과 마찬가지로 기관 투자자도 한번 주식을 매수하기 시작하면 한동안 꾸준히 매수하는 경향이 있고, 한번 매도하기 시작하면 한동안 꾸준히 매도하는 특징이 있다. 기관은 저점 구간에서 주가가 상승할 것으로 예상되면 대형 우량주, 중저가 대형주 등을 매수하기 시작한다. 그러므로 기관 투자자에 비해 분석력이나 정보력에서 열세인 개인 투자자는 기관보다 한 발 먼저 움직이든지 기관 투자자가 매입하는 종목에 빨리 편승하는 것이 좋다. 이때 주의할 점은 기관 투자자가 특정 회사 주식을 꾸준히 매수하고 있다면 당연히 주가가 오르게 되고, 기관 투자자의 지분율 증가가 오히려 주가 급락의 위험을 증가시킬 수 있다는 점이다. 기관 투자자들은 중장기보다는 단기적 관점에서 투자를 하는 단기성 매매가 그만큼 많기 때문이다. 따라서 그동안 주가가 어느 정도 상승했는지, 추가 상승 모멘텀은 있는지를 살펴 투자하는 것이 바람직하다.

실제로 증권사에서 개인에게 추천해주는 종목 중에는 추세가 살아 있는 종목이 많은데, 개인들은 이러한 종목을 꺼려하고 가격이 하락한 종목을 추천해주면 오히려 좋아하는 경향이 있다. 그래서 호불호가 나뉘고 그 결과(수익 또는 손실)도 누구도 장담할 수 없다. 다만 추세가 살아 있는 경우 추가적인 상승 모멘텀이 있는지 없는지가 중요한 판단 근거가 될 수 있다.

(3) 개인 투자자의 주도 장세

개인 투자자는 소위 '개미'라고 한다. 개인 투자자들은 외국인뿐만 아니라 기관 투자자들의 움직임을 유심히 살피고 신속 유연하게 대응하는 것이 수익을 낼 수 있는 비결이다. 개인은 외국인과 기관의 투자 종목 및 보유 지분율 정보를 파악하는 것이 투자 종목을 선정하는 데 있어서 매우 중요하다. 개인 투자자는 외국인이나 기관에 비해 자본력, 정보력, 분석력 모두 열세이다. 투자 성향도 개인차가 크다. 어떤 사람은 전문성과 경험으로 무장하고 주식 시장에 참여하고, 어떤 사람은 아무런 준비없이 묻지마식 투자를 하거나 도박

하듯이 일확천금을 노린다. 특히나 세계 경기가 호황이거나 주식 광풍이 불면 이른바 소 팔고 논 판 돈이 주식 시장에 들어오고 온 국민이 주식 열풍에 휩싸이기도 한다. 이렇게 되면 개인 투자자들은 주식 시장으로 몰려들면서 장세를 주도한다. "소가 뒷걸음치다가 쥐를 잡는다."라는 속담이 있다. 한두 번의 행운은 따를 수 있지만, 장기적으로 보면 빈털터리가 될 위험성이 매우 높으니 개인 투자자들은 이를 유념해야 한다.

1997년 IMF 직후 주식과 부동산은 모두 급등했다. 이때는 갑자기 금리가 하락하면서 갈 곳을 잃은 돈이 주식 시장으로 몰렸다. 단기간에 경기 민감주를 중심으로 급등하면서 증권사 창구가 만원을 이뤘다. 그러나 역사적으로 개인 장세는 대부분 폭락으로 끝나 개인 파탄, 자살 등 많은 사회적 문제로 이어졌다.

외국인이나 기관 투자자는 매수 가격과 매도 가격을 정해 놓고 그 가격이 되면 매매하기 때문에 웬만한 충격에도 크게 흔들리지 않는다. 그러나 개인 장세에서는 아주 작은 소문에도 주가가 크게 흔들린다. 또한 개인 장세는 주가가 상승할 때도 적당한 수준보다 높게 올라가는 경향이 있고 빠질 때도 주가가 적정한 수준보다 크게 하락하는 경향이 있다. 따라서 개인들은 외국인이나 기관들의 특징을 살펴 그들의 행동 패턴이나 약점을 역이용하는 고도의 전략이 필요하다.

개인들의 투자 전략은 다음과 같다.

첫째, 경기가 침체되면 정부는 반드시 경기 부양책을 내놓는다. 그러면 외국인과 기관들의 대대적인 매수가 시작된다. 개인은 대형 우량주, 경기 민감주, 대중주(증권, 건설, 은행)를 선별해 놓았다가 그들보다 한발 앞서 과감하게 투자해야 한다. 이런 종목들은 가격 상승 폭도 크고 팔 때도 많은 사람이 관심을 가지고 있어 매매도 잘 된다. 그러나 이 시점(경기 부양 전)에서 개인들은 대부분 투자를 주저하게 되는데 자신에 대한 강한 믿음을 갖고 극복해내야 한다.

둘째, 개인 장세에서 실패하는 이유 중 하나는 이미 주가가 많이 올라서 언제 무너질지 모르는 주식 광풍일 때 투자한다는 것이다. 이때는 주저주저하다가 주변에서 너도나도 다 주식을 하니까, 언론에서도 주식 열풍을 보도하니까 분위기에 휩쓸려 떠밀리듯이 산다. 그러나 이 시기에는 주가가 정상 수준보다 높아져 있는 경우가 많기 때문에 상투일 가능성이 높다. 다음 기회가 올 때까지 기다려야 한다. 반대로 주식을 이미 보유하고 있는 사람은 분할해서 매도하는 것이 좋다.

셋째, 경기 순환 주기와 주식 시장 순환 주기를 이용하면 좋은 매수 기회를 잡을 수 있다. 개인들은 외국인이나 기관에 비해 전문 지식이나 정보, 분석력 등이 부족하다. 따라서 외국인이나 기관처럼 단기 매매를 하면 절대적으로 불리하므로 경기 사이클을 보면서 주가의 상승과 하락을 파악하여 투자 시점을 결정하는 것이 바람직하다.

넷째, 실제로 개인들이 가장 많이 투자하는 종목은 중소형주이다. 개인들은 돈이 많지 않으므로 상대적으로 주가가 낮은 주식에 투자하는 경우가 많다. 이 때문에 싸고 상대적으로 저평가된 주식을 사두고 시장의 관심이 돌아올 때를 기다리는 것이다. 다만 이 경우에는 큰 수익률을 기대하지 말고 목표 수익률을 달성하면 빨리 처분하는 것이 좋다.

동학 개미 운동 이후 예전처럼 외국인이나 기관 투자자의 영향력이 크지는 않지만 여전히 대규모 자금을 바탕으로 움직이기 때문에 시장에 큰 영향을 준다. 그러므로 외국인과 기관들의 움직임을 면밀히 살펴 유연하게 대응해야 한다.

⑦ 기업 분석

주식의 옥석을 고르려면 어느 기업이 가치가 있는지를 알아야 한다. 즉 가치 있는 기업을 찾는 일이 중요하다는 뜻이다. 기업 분석은 크게 가치 분석과 기술적 분석으로 나눈다. 두말할 필요 없이 세계적인 가치 투자의 대가는 벤자민 그레이엄(Benjamin Graham)과 워렌 버핏(Warren Buffett)이다. 워렌 버핏은 현금 창출 능력 등을 고려하여 평생 보유할 생각으로 장기 투자를 한다. 그렇다고 무조건 장기 투자가 좋다는 뜻은 아니겠지만 수익을 내기 위해서는 가치 있는 기업을 고르는 일이 제일 중요하고, 또 어느 정도의 시간도 필요하다는 의미일 것이다.

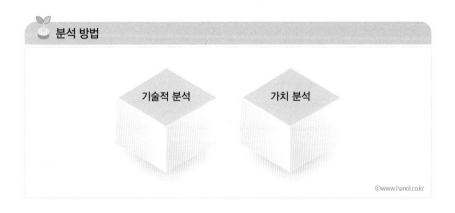

분석 방법

기술적 분석   가치 분석

©www.hanol.co.kr

(1) 가치 분석

주가는 기업의 내재 가치(성장성, 수익성, 안정성 등)를 반영한다는 전제하에 그 본질적 가치와 현재의 시장 가격을 비교하여 분석하는 기법이다. 가장 좋은 방법은 재무제표를 분석하여 활용하는 것인데 처음에는 쉽지 않다. 또 잘못 분석하거나 해석하여 오판할 우려도 있다. 그러면 주식 투자를 하지 말아야 할까? 아니다. 전문가들이 분석해 놓은 자료를 해석하여 활용하면 된다. 그리고 재무제표는 과거의 자료이다. 그렇기 때문에 기업의 현재 상황과 미래의 성장성이 주가에 제대로 반영되지 않은 주식이 많다. 이를 고려하여 결정해야 한다.

또한 가치 투자에서는 기업의 내재 가치를 분석하여 저평가 주식을 매수하는 투자 전략도 사용해 볼 수 있다. 즉 기업의 내재 가치보다 주가가 낮은

지점에서 매수하여 시장이 재평가하여 가격이 오르기를 기대하는 것이다. 가치 투자는 저평가된 주식을 매수하는 것이므로 높은 수익률을 기대할 수 있으나 단기적으로는 가격이 하락할 수 있으니 시장의 동향과 기업의 가치 변동을 지속적으로 살펴야 한다.

❶ 경영 분석(비율 분석)

경영 분석은 재무제표 등과 같은 수치화된 자료를 이용하여 항목 사이의 비율을 산출, 기준이 되는 비율이나 과거의 실적 그리고 다른 기업과의 비교 등을 통하여 그 의미나 특징, 추세 등을 분석 평가하는 기법이다.

기업의 내재 가치(성장성, 수익성, 안정성 등)를 구체적으로 살펴보면, 첫째, 성장성은 미래 성장 잠재력이다. 성장성이 높은 주식을 매수하여 보유하는 전략을 쓴다. 즉 경영 성과 추이, 지속 성장 가능성, 기술 차별화 등을 고려하여 기업을 선택하고 장기간 보유해야 수익을 창출할 수 있다. 성장성을 판단하는 지표로는 영업 이익, 매출액 증가율, 순이익 증가율 등이 있다. 말 그대로 기업이 얼마나 장사를 잘했느냐를 알아볼 수 있는 지표로써 보통 업종에 따라 전년 동기 대비 성장률 또는 전분기 대비 성장률로 성장성을 판단한다(추세).

둘째, 수익성은 기업의 현재 성적표이다. 즉 경영 성과이다. 수익성을 판단하는 지표로는 매출 영업 이익률, 자기 자본 이익률 등이 있는데, 매출액에 대비해서 얼마나 영업 이익이 날 것인가를 판단할 수 있다. 회사의 경영 성과를 반영하는 지표로는 매출 영업 이익률이 주로 쓰이지만, 주가를 판단할 때에는 투입한 자본 대비 얼마나 수익을 창출하였는지를 알 수 있는 자기 자본 이익률(ROE)을 더 많이 쓴다. 이를 통해 주주의 입장에서는 투자 자본 대비 얼마나 수익이 날 것인가를 판단할 수 있다.

셋째, 안정성은 기업의 재무 건전성을 알아보는 것이다. 안정성을 판단할 수 있는 지표로는 부채 비율, 자기 자본 비율, 유동 비율 등이 있다. 부채 비율은 자기 자본에 비하여 부채가 얼마인지를 나타내는 지표이며, 자기 자본 비율은 기업의 자본 구성 건전성을 판단하는 지표로써 이 비율이 높으면 안정성이 높다고 할 수 있다. 유동 비율은 기업이 보유하고 있는 지급 능력을 가늠하는 지표이다. 쉽게 말해 기업이 당장 많은 현금이 필요할 때 보유 자산을 얼마나 빨리 현금으로 전환하여 사용할 수 있는지를 나타내는 지표이다.

경영 분석(비율 분석)

항 목	기 준	공 식	해 석
유동성 비율	단기 채무 지급 능력 측정	유동 비율 = 유동 자산/유동 부채 × 100	단기 채무를 지급할 수 있는 유동 자산이 유동 부채에 비해 얼마나 되는가 → 높을수록 좋음
부채 비율	타인 자본 의존 정도 측정	부채 비율 = 타인 자본/자기 자본 × 100	타인 자본과 자기 자본의 관계에서 자본 구성의 안정성은 어느 정도인가 → 낮을수록 좋음
자기 자본 비율	주주에 의한 자기 자본 조달 정도	자기 자본 비율 = 자기 자본/총자본 × 100	총자본 대비 자기 자본의 관계에서 안정성은 어느 정도인가 → 높을수록 좋음
수익성 비율	매출액에 대한 순이익 정도	매출액 순이익률 = 순이익/매출액 × 100 총자본 이익률 = 순이익/총자본 × 100	기업이 총자본을 얼마나 효율적으로 운용하는가 → 높을수록 좋음
활동성 비율	매출액에 대한 재고 자산 회전율	재고 자산 회전율 = 매출액/재고 자산 × 100	기업의 자산을 얼마나 효율적으로 활용하는가 → 높을수록 좋음
	매출 채권의 현금화 속도 측정	매출 채권 회전율 = 매출액/매출 채권 잔액 × 100	매출 채권 관리가 얼마나 잘 되고 있는가 → 회전율이 높을수록 좋음

손익 계산서 구조

	매출액	100
−	매출 원가	70
=	매출 총이익	30
−	판매/관리비	20
=	영업 이익	10
+	영업 외 수익	
−	영업 외 비용	
=	법인세 차감 전 순이익	
−	법인세	
=	당기 순이익	

❷ 재무제표 분석 지표

지표 분석은 기업의 재무 상태를 분석하여 기업의 가치를 파악하는 것이다. 기본적으로 계량 분석을 기반으로 하며 EPS, PBR, PER, ROE, ROA, BPS 등을 사용한다. 과거에는 이 중에 한 지표 값을 기준으로 투자 종목을 선택했지만, 한 지표 값으로만 판단할 경우 잘못된 판단을 할 수 있다. 따라서 여러 가지 지표를 유기적으로 연계, 해석하여 종합적으로 판단해야 한다. 또한 이러한 지표 분석을 통해 기업의 적정 가치를 파악하고 현재의 주가가 적정 수준인지, 미래에 투자할 가치가 있는지 등을 파악하여 매수 타이밍을 결정한다. 그러나 신생 기업이나 벤처 기업은 재무 데이터가 존재하지 않거나 검증하기에는 부족할 수 있어 유의해야 한다.

재무제표 분석 지표

지표	용어	공식	해석
EPS	earning per share, 주당 순이익	당기 순이익/총 발행 주식 수×100	한해 동안 주당 이익의 증가 정도 → 배당이 많을수록 좋음
PER	price earning ratio, 주가 수익 비율	현재 주가/주당 순이익×100	주식 가치 대비 현재 주가(동종업계 비교) → 상승 여력 판단
ROE	return on equity, 자기자본이익율	순이익/자기 자본×100	주주들이 투자한 자본 대비 얼마만큼의 수익을 냈는지 → 높으면 좋음
ROA	Return On Assets, 총자산 순이익율	당기 순이익/총자산×100	자산을 얼마나 효율적으로 운용했느냐를 나타내는 지표 → 은행 이자보다 높아야 좋음
BPS	bookvalue per share, 주당 순자산 가치	순자산/주식 발행 수×100	기업이 파산하여 자산을 처분하면 1주당 얼마씩 배분되는가 → 높을수록 투자 가치가 높음
PBR	price book vlaue ratio, 주당 순자산 비율	주가/주당 순자산 가치×100	기업을 청산했을 때 1주당 얼마나 돌려받을 수 있는가 → 1보다 낮으면 기업의 자산 가치 저평가 → 투자 가치 있음
현금 배당 수익율	현금 배당 수익율	배당금/주당 주가×100=	현금 배당 수익율은 은행 예금 이자와 비교해서 높을수록 좋음
52베타	주식 시장 전체 변동에 대한 개별 자산의 수익률 민감도		베타 계수가 1보다 크면 시장보다 변동성이 큰 종목 → 대개 0보다 크고 1보다 작은 베타 계수 종목이 안정적

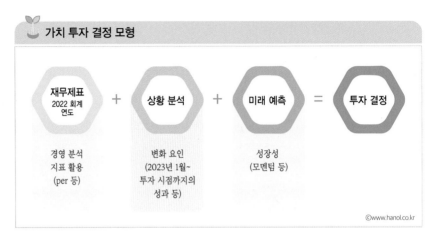

(2) 기술적 분석

최근 금융 IT 환경이 좋아지면서 컴퓨터를 이용한 주식 거래가 60%로 급증하고 있다. 즉 인터넷의 발달로 과거보다 투자하기가 너무나 편리해져 참여자들도 크게 늘었다. 이러한 현상에는 인터넷 환경을 이용한 증권사의 인프라 구축도 한몫했다. 이제는 기업 가치와 관계없이 투자 시점의 주가 수준, 호재 및 악재, 수급 등을 분석하여 기술적으로 사고파는 사람들도 많아졌다.

기술적 분석(technical analysis)은 차트를 분석하여 투자 시점을 찾는 방법이다. 그러기 위해서는 차트를 이해해야 한다. 차트에는 기업의 경영 성과는 물론 비전, 오너 리스크 등 기업과 관련된 모든 정보가 담겨 있다고 해도 과언이 아니다. 차트는 주가의 흐름을 연결해 놓은 그래프이며 주식의 가격 변동을 알 수 있는 시각화된 역사적 기록물이다. 즉 과거부터 현재까지의 주가 흐름을 분석하여 어느 정도 미래의 추세를 예측할 수 있게 해준다. 이것은 투자자들이 기업을 이해하고 투자 종목을 선택하는 데 꼭 필요한 자료임에는 틀림없다.

기술적 분석은 내재 가치를 찾기보다는 주가나 거래량의 추세를 분석해서 미래의 주가 움직임이나 매수 시점, 매도 시점을 예측하는 것이다. 따라서 추세, 패턴, 파동 등을 이해하고 거래량, 이동 평균선, MACD, RSI, 스토캐스틱

(stochastic) 등을 분석하여 다른 지표들과 유기적으로 연결해 종합적으로 판단해야 한다. 이외에도 의외로 주가에 큰 영향을 주는 심리적 요인과 분위기(과열, 투매 공포, 쏠림) 등도 살펴야 한다. 결국 투자 행위는 사람이 판단하고 행(行)하는 것이기 때문이다. 제1장에서 언급한 인간의 심리·행동 및 주식 투자, 뒷부분에서 다룰 주가와 투자 심리 그리고 하이먼 민스키 모델을 연계해서 공부하면 좋을 듯하다.

 Tip

엘리어트 파동

엘리어트 파동(Elliot wave) 이론은 상당히 오래된 이론이기 때문에 많이 알려져 있다. 아직도 이 이론을 가지고 주가를 설명하는 사람도 많다. 엘리어트 파동 이론은 한마디로 주가는 세 번에 걸쳐 고개를 만들어가면서 오르고, 두 번에 걸쳐서 떨어진다는 이론이다.

엘리어트 파동 이론은 1930년대 미국의 엘리어트가 창안한 이론인데 당시까지의 주식 시장의 주가를 연구해서 만든 것이다. 그러나 이론 자체는 다소 황당하다. 우주의 모든 움직임은 피보나치 급수에 따라 움직인다는 것이다.

엘리어트 파동 이론은 주가가 일단 상승하고(1파), 그다음 조정을 겪고(2파), 그다음에는 다시 상승하되(3파) 1파 때보다는 훨씬 오래, 높이 상승하고, 그다음에는 다시 조정하되(4파) 2파 때보다는 덜 떨어지며 그다음에 한 번 더 상승한다(5파)는 이론이다. 5파까지가 상승이고, 그다음은 하락 3파를 겪는다. 일단 한 번 떨어지고(1파), 그다음에는 반등하지만(2파) 상승 5파 때의 수준에는 미치지 못하고 다시 떨어진다(3파)는 내용이다. 다만 이렇게 떨어져도 제일 처음 상승 1파가 시작되는 시점보다는 높다. 상승 5파, 하락 3파를 거친 다음엔 다시 상승 1파가 시작되지만 전번의 상승 1파보다는 높은 수준에서 시작한다. 엘리어트는 이런 식으로 해서 주가가 크게는 대략 50년 정도로 한 파동을 만들고, 그다음은 10년, 그다음은 1~4년, 그다음은 6개월, 이런 식으로 계속 파동을 만들 수 있다고 했다.

출처: 이광회 외 2인(2001), 《돈, 아는 만큼 보인다》, 21세기북스

① 차트의 유용성

차트에는 기업과 관련된 모든 것이 담겨 있다고 해도 과언이 아니다. 즉 기업 경영에 관한 모든 것들은 물론 오너 리스크, 내부 거래 등과 같은 은밀한 내용들도 모두 주가에 반영되어 차트에 나타난다. 그러나 기본적으로 경제적 상황이나 가치 분석 등을 전제로 차트 분석을 해야 더 정확한 판단을 할 수 있다. 차트의 유용성은 다음과 같다.

1	현재 주가의 위치가 상승 추세인지 하락 추세인지, 평행 추세인지를 알 수 있다.
2	주식의 지지 또는 저항 수준을 알 수 있다.
3	주식의 거래량을 알 수 있다.
4	주가의 가격 변동을 알 수 있다.
5	기업의 이력과 매입, 매도 세력을 파악할 수 있다.

©www.hanol.co.kr

첫째, 현재 주가의 위치가 상승 추세인지, 하락 추세인지, 평행 추세인지를 알 수 있다. 주식의 과거 흐름에서 발견되는 지표적 특성(추세, 패턴, 파동) 등을 통해 주가의 매수/매도 시점을 판단한다. 추세는 주가의 흐름이 어떤 방향인지를 말하며 상승, 평행, 하락으로 나뉜다. 패턴은 일정한 형태나 양식 또는 유형을 말한다. 즉 어떤 현상이 나타났을 때 그러한 현상에서 특정한 규칙을 파악하는 일이다. 일정 기간의 차트를 살펴보면 기업마다 특정 모형을 띤다. 파동은 어떤 주식을 매입하려는 사람들이 많아지면 빨간 양봉을 띠고 그래프가 상승하는 모양을 나타내며, 주식을 팔려는 사람이 많아지면 그래프가 음봉을 띠면서 내려가는 모양을 나타낸다.

둘째, 주식의 지지 또는 저항 수준을 알 수 있다. 지지란 주가가 하락하고 있을 때 어느 지점에서 매수세가 유입되면 더 이상 하락하지 않게 되는 가격 또는 가격대를 말하며, 저항이란 주가가 상승하고 있을 때 어느 지점에서 매도세가 유입되면 더 이상 상승하지 않게 되는 주식의 가격 또는 가격대를 말한다. 또한 주가가 계속 하락하여 지지 가격대로 여겨지는 가격대를 하향 이탈하게 되면 하향 이탈된 해당 가격대는 지지 가격대에서 저항 가격대로 그 기능이 전환된다. 반면에 주가가 계속 상승하여 저항 가격대로 여겨지는 가격대를 주가가 상승 돌파하게 되면 해당 가격대는 저항 가격대에서 지지 가격대로 그 기능이 전환된다. 따라서 다양한 요소들을 고려해 지지 가격과 저항 가격을 설정한다. 그리고 그 기능이 전환되는 것을 확장해 지지 가격대와 저항 가격대를 설정하고 주가 흐름을 분석하여 매도, 매수 시점을 판단하는 것이 중요하다. 또한 지지 또는 저항 수준을 고려하여 추가 상승이나 추가 하락을 예측할 수 있다. 예를 들면, 주가가 상승 추세에서 상승 폭에 비해 지나치게 조정을 받을 경우 추가로 상승할 여력이 있는지를 살펴보고(상승 여력 약화 또는 하락 신호), 하락 추세에서 하락 폭에 비해 지나치게 반등이 클 경우 하락세가 멈추는 신호인지를 살펴봐야 한다.

셋째, 주식의 거래량을 알 수 있다. 거래량은 주식 시장에서 주식이 거래된 양을 말하며 일반적으로 주가에 선행한다. 주식 시장의 흐름을 판단하는 중요한 지표로 거래량의 증감은 주가 변동을 일으키는 신호로 간주한다. 즉 거래량이 늘어나면 주가가 상승할 것으로, 거래량이 줄어들면 하락할 것으로 예상할 수 있다. 따라서 거래량을 파악하는 것은 주가를 예측하는 유효한 수단이다. "주가는 거래량의 그림자다."라는 격언이 있다. 이 이론에 따라 거래량과 주가의 상관관계를 살펴보면 거래량이 점차 줄고 있다가 증가하면 주가는 상승하고 거래량이 점차 증가하다가 감소하면 주가는 하락한다. 주가가 상승하여 고점에 가까워지면 가까워질수록 거래량은 감소하고 주가가 저점에 가까워질수록 거래량은 증가한다. 거래량 지표는 주로 거래량 이동 평균을 활용한다.

넷째, 주가의 가격 변동을 알 수 있다. 가격 변동은 주가의 상승이나 하락의 변동 폭을 말한다. 즉 기초 자산의 가격이 얼마나 빨리 움직이는가 하는 시장의 변화 속도를 나타내는 값으로 시장이 느리게 움직이면 변동성이 낮은 시장, 시장이 빠르게 움직이면 변동성이 높은 시장이다. 주가는 국내외의 경기 동향과 정치·경제·사회·문화와 자금 동향이나 신용 거래 등의 수급 상황과 같은 외적 요인, 그리고 기업의 실적·증자·신제품 등과 같은 내적 요인과 오너 리스크, 투자자의 투자 심리 등 모든 요인이 상호 작용하면서 주가를 움직인다. 주가가 크게 상승하거나 크게 하락하면 가격 변동이 크다는 의미이며, 이는 봉차트에 긴 몸통으로 나타난다. 따라서 차트에 담겨 있는 의미를 이해하고 해석하여 투자 결정을 해야 한다.

한편, 주식 시장에서는 급격한 시세 변동 시 개인이나 기업을 보호하고 시장의 안정을 위하여 당일 입회 중에 변동할 수 있는 가격의 상하 폭을 제한하고 있다. 코스피와 코스닥의 가격 제한 폭은 전일 종가를 기준으로 상하 각각 30%이다.

다섯째, 기업의 이력과 매입과 매도 세력을 파악할 수 있다. 차트에 나타나는 주가 흐름을 살펴보면 그 기업이 어떤 길을 걸어왔는지를 알 수 있다. 즉 기업의 경영 상태, 신제품 개발, 신기술 개발 등 성장 과정 등의 모든 변수가 녹아들어 있다. 또한 주가는 수요와 공급에 의해 결정된다. 주가는 기업의 가치를 반영하는 것은 물론 매수와 매도 세력의 힘의 균형에 의해 상승하기도 하고 하락하기도 한다. 매수세 또는 매도세란 말 그대로 사려는 세력 또는 팔려는 세력을 말한다. 이러한 매수 또는 매도 세력의 힘이 얼마나 큰지에 따라 매매의 방향이 달라지기 때문에 주식 투자에 있어서는 중요하다. 이러한 매도세, 매수세를 수치적으로 파악한 지표가 등락 비율이다.(ADR, advanced decline ratio) ADR이 100%보다 높으면 매수세가, 100%보다 낮으면 매도세가 크다는 것을 알 수 있다. 이 지표는 투자 심리도처럼 투자자들의 심리를 나타내주는 하나의 지표이다. 여러 기술적 지표나 경영 분석 지표 등과 더불어 이 지표를 이용하여 매매 타이밍을 포착하면 된다. 예를 들면, ADR이 120%를 넘은 경우 단기적으로 주식 시장이 과열되었다고 판단하여 매도하고, ADR이 75% 이하로 하락하는 경우 단기적으로 시장이 침체되었다고 판단하여 매수한다.

❷ 봉차트

봉차트(candle chart)는 일정 기간 주가의 변동을 막대로 나타낸 표를 말한다. 기준 기간에 따라 일간, 주간, 월간, 연간 따위로 나뉜다. 당일의 시가와 종가, 최고가와 최저가를 그리면 일봉 차트, 그 주의 시가와 종가, 최고가와 최저가를 그리면 주봉 차트, 그 달의 시가와 종가, 최고가와 최저가를 그리면 월봉 차트가 된다. 당일의 시가에 비해 주가가 오르면 빨간색으로 나타내고 '양

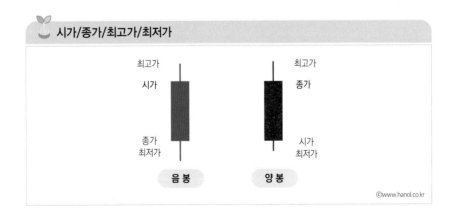

봉', 당일의 시가에 비해 주가가 떨어지면 파란색으로 나타내며 '음봉'이라고 한다. '봉'의 길이가 길면 주가 변동이 큰 것이고 짧으면 주가 변동이 거의 없는 것을 뜻한다.

주식 거래에 있어서 시가란 입회 시(매매자들이 주식을 매매하는 것)에 최초로 체결된 거래 가격을 말한다. 종가란 마지막으로 체결된 가격을 말하며 그다음 날의 기준 가격이 된다. 최고가는 당일 가장 높게 올라간 주가이며 최저가는 당일 가장 낮게 내려간 주가를 말한다.

양봉이나 음봉의 몸통이 긴 경우에는 시가와 종가가 크게 벌어졌다는 뜻이다. 양봉의 몸통이 긴 경우에는 당일 매수 세력이 우세하여 주가가 크게 오른 것이고, 몸통이 짧은 경우에는 매수세와 매도세가 공방을 펼쳤지만 매수세가 조금 더 우세하여 주가가 조금 오른 것이다. 양봉의 하단 꼬리가 길면 그 지점에서 지지 세력이 강한 것이고 꼬리가 짧으면 지지 세력이 약한 것이다. 반면에 양봉의 상단 꼬리가 길면 저항 세력이 강한 것이고 꼬리가 짧으면 저항 세력이 약해 추가 상승 여력이 있는 것이다. 양봉, 음봉의 몸통이 긴 경우 매수세 혹은 매도세가 아주 강했다는 뜻이므로 다음날까지 이 추세가 이어질 가능성이 있다. 반면에 몸통이 짧은 경우 매수세와 매도세가 막상막하이므로 박빙의 힘 대결이 이어지거나 추세가 전환될 가능성이 있다.

몸통 아래로 꼬리가 긴 경우에는 꼬리의 끝은 당일의 저점을 의미한다. 이는 장 중에 큰 폭의 하락이 있었으나 지지 세력의 매입으로 주가를 다시 끌어

🌱 **시세의 전환점**

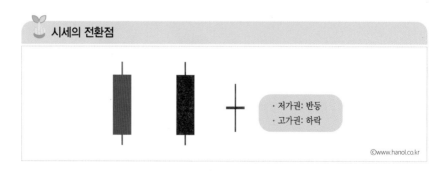

· 저가권: 반등
· 고가권: 하락

©www.hanol.co.kr

올려 거의 다 회복된 상태로 장이 마감되었다는 뜻이다. 반대로 몸통 아래로 꼬리가 짧게 형성된 경우에는 장 중 주가가 하락하였으나 지지 세력이 약해 주가가 거의 회복하지 못한 채 장이 마감된 것이다. 따라서 내일도 주가는 약세로 이어질 가능성이 있다. 양봉이 며칠간 나타나면 지속적인 상승 가능성이 있고 음봉이 며칠간 나타나면 지속적인 하락 가능성이 있다.

하루는 양봉, 다음날은 음봉으로 나타나고 길이나 모양이 비슷하게 나타나면 시세 전환을 예고한다. 즉 십자가 모양이 나타날 때 고가권에서는 하락할 가능성이 더 크고 저가권에서는 상승할 가능성이 크다.

❸ 이동 평균선

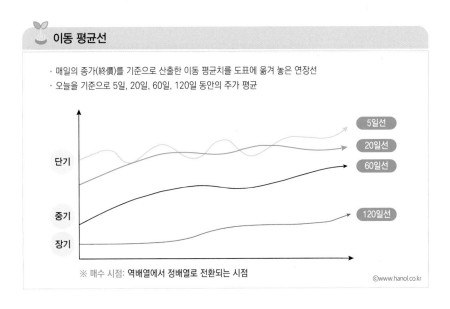

이동 평균선

· 매일의 종가(終價)를 기준으로 산출한 이동 평균치를 도표에 옮겨 놓은 연장선
· 오늘을 기준으로 5일, 20일, 60일, 120일 동안의 주가 평균

단기 / 중기 / 장기

5일선 / 20일선 / 60일선 / 120일선

※ 매수 시점: 역배열에서 정배열로 전환되는 시점

©www.hanol.co.kr

이동 평균선은 일정 기간의 주가를 산술 평균한 값인 주가 이동 평균을 차례로 연결해 만든 선이다. 주식 시장에서 주가와 거래량 및 거래 대금은 매일매일 변하지만 특정 기간을 놓고 보면 일정한 방향성을 지닌다. 이를 수치화한 것이 이동 평균선이며 장기(120일), 중기(60일), 단기(5, 20일)가 있다.

이동 평균선은 간극이 멀어지면 좁혀지려는 성질, 좁혀지면 멀어지려는 성질을 이용한 것이므로 이를 고려하여 매수나 매도 타이밍을 결정한다. 특히 역배열(위로부터 120 → 60 → 20 → 5)에서 합쳐졌다가 정배열(위로부터 5 → 20 → 60 → 120)로 전환되는 시점이 매수 시점이다.

모든 이동 평균선의 방향이 우상향이면 주가 흐름이 상승, 우하향이면 주가 흐름이 하락할 가능성이 있다. 5일선(1주일)은 오늘을 포함하여 최근 5거래일간의 종가 평균이며 단기 추세를 나타낸다. 20일선(1개월)은 오늘을 포함하여 최근 20거래일간의 종가 평균이다. 20일선은 5일선과 같이 단기 추세를 나타내며 기준선이라고 한다. 60일선(분기)은 오늘을 포함하여 최근 60거래일간의 종가 평균을 나타내며 주가가 중기(60일) 이동 평균선 밑으로 내려가면 수급이 무너진 것이며 회복하는 데 시간이 걸릴 것으로 판단한다. 120일선(반기)은 오늘을 포함하여 최근 120거래일간의 종가 평균을 나타내며 120선이 깨지면 경기 자체가 불황으로 갈 가능성이 크다.

❹ 거래량

매매된 주식 수를 말한다. 매도 100주, 매입 100주인 경우 거래량은 100주가 된다. 이 거래량에 주당 매매가를 곱한 것이 거래 대금이다. 거래량의 변화는 주가 지수 변화와 함께 시황 판단의 기본 지표이므로 중요하다.

일반적으로 거래량은 주가에 선행하는 경향이 있어 '주가는 거래량의 그림자'로 불린다. 보통 주가가 상승할 때 매수 수요가 상대적으로 증가하므로 거래량은 늘어나는 경향이 있고 하락할 때 매수 수요가 줄기 때문에 거래량은 감소하는 경향이 있다. 또한 주가가 상승할 때 거래량이 감소하면 상승 흐름이 멈출 가능성이 있고 주가가 하락할 때 거래량이 감소하면 하락을 멈출 가능성이 있다. 거래량이 점차 줄고 있다가 증가하기 시작하면 앞으로 주가는 오를 것으로 예상하고, 거래량이 점차 늘고 있다가 감소하기 시작하면 하락할 징후로 본다. 따라서 투자 종목을 선택할 때 어느 정도 거래량이 활발한 종목을 선택하는 것이 유리하다. 거래량이 너무 적으면 무거운 주식으로 가격이 오르지도 내리지도 않는 경향이 있다.(선호도 떨어지는 주식)

현대자동차 거래량

⑤ 골든 크로스/데드 크로스

• 골든 크로스

골든 크로스(golden cross)는 주가나 거래량의 단기 이동 평균선이 중장기 이동 평균선을 아래에서 위로 돌파해 올라가는 것을 말한다. 이는 강력한 강세장으로 전환됨을 나타내는 신호로 받아들인다.

보통 '단기 골든 크로스'는 5일 이동 평균선이 20일 이동 평균선을 상향 돌파하는 것을 말하며, '중기 골든 크로스'는 20일선과 60일선을, '장기 골든 크로스'는 60일선과 100일선을 비교한다. 보통 5일선이 60일선을 뚫고 올라가면 골든 크로스로 상승 신호이며 매입 시점이다.

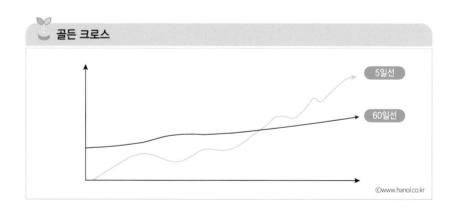

골든 크로스

5일선

60일선

©www.hanol.co.kr

• 데드 크로스

데드 크로스(dead cross)는 주식 시장에서 주가의 단기 이동 평균선이 중장기 이동 평균선을 아래로 뚫고 내려가는 것을 말한다. 보통 5일선이 60일선을 뚫고 내려가면 데드 크로스로 하락 신호이며 매도 시점이다.

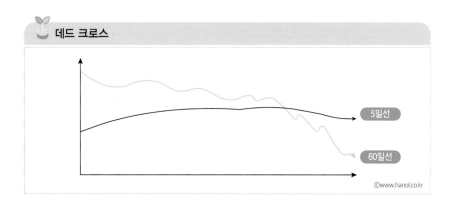

데드 크로스

5일선

60일선

©www.hanol.co.kr

❻ 적삼병/흑삼병

적삼병은 양봉 3개가 연속적으로 나타나는 모양을 말한다. 적삼병은 대세 상승 초기의 신호로 널리 알려져 있으며 장기간 하락 국면에서 주가가 연속적으로 양봉 3개가 나타나면 강하게 상승 반전하는 패턴을 말한다. 반면에 주가가 큰 폭으로 상승한 후 흑삼병이 나타나게 되면 앞으로 주가가 하락할 가능성이 매우 높다. 따라서 흑삼병이 나타나면 보유 주식을 매도해야 한다. 특히 바닥권에서 적삼병이 나타나면 상승 가능성이 높고 천장권에서 흑삼병이 나타나면 하락 가능성이 높다. 주가가 소폭 상승한 이후 나타나면 흑삼병은 일시적인 하락일 수도 있기 때문에 주의해야 한다.

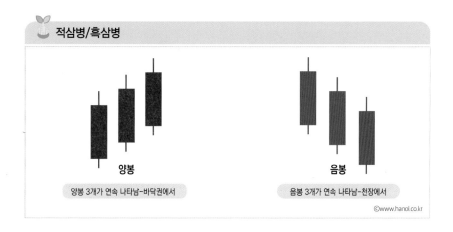

적삼병/흑삼병

양봉

음봉

양봉 3개가 연속 나타남-바닥권에서

음봉 3개가 연속 나타남-천장에서

©www.hanol.co.kr

❼ 일봉/주봉/월봉

　하루 동안 주가의 시가, 고가, 저가, 종가를 봉으로 나타낸 것을 일봉, 한 주 동안 주가의 시가, 고가, 저가, 종가를 봉으로 나타낸 것을 주봉, 한 달 동안 주가의 시가, 고가, 저가, 종가를 봉으로 나타낸 것을 월봉이라 한다. 일봉은

🌱 삼성전자 주가 예시

단기 흐름, 주봉은 중기 흐름, 월봉은 장기 흐름을 파악할 수 있다. 그러므로 주식 투자 결정 시 일봉 차트의 지지와 저항만 보는 것이 아니라 주봉과 월봉도 같이 봐야 한다. 일봉이 좋으면 주봉과 월봉이 안 좋을 수도 있고 주봉이 좋으면 일봉과 월봉이 안 좋을 수 있기 때문이다. 특히 일봉은 단기 추세, 주봉은 시장 추세를 나타낸다. 두 차트를 비교해서 일치할 때 확률이 더 높다.

⑧ 저항/지지

주가가 어느 수준까지 상승했을 때 주식을 보유한 사람들의 매도로 주가가 조정(하락)받게 되는 것을 저항, 주가가 어느 수준까지 하락했을 때 투자자들의 매수로 하락을 멈추고 횡보 혹은 반등하는 것을 지지라고 한다. 이러한 현상은 수급 상황과 투자 심리가 적용된 결과이다. 일반적으로 바로 직전 전고점이 저항선이 되는 경우가 많고, 바로 직전 전저점이 저항선이 되는 경우가 많다. 즉 저항선이나 지지선을 일단 돌파하면 이전의 저항선은 지지선으로 전환된다. 기술적 분석에서 지지선과 저항선이 중요한 이유는 주가의 움직임이 향후 어디까지 진행될지 알 수 있고, 가격의 움직임이 지지선 혹은 저항선 돌파에 실패할 경우 기존 추세가 바뀌는 중요 신호로 볼 수 있기 때문이다.

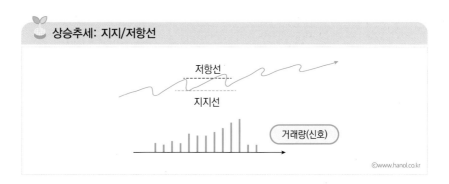

상승추세: 지지/저항선

저항선

지지선

거래량(신호)

©www.hanol.co.kr

⑨ 상승/하락/평행 추세선

추세선은 고점이나 저점 중 의미 있는 두 고점 또는 저점을 연결한 선을 의미한다. 추세선에는 상승, 하락, 평행 추세선이 있다. 상승 추세선은 상승 추

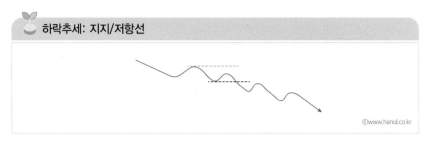

하락추세: 지지/저항선

©www.hanol.co.kr

세에서 저점을 연결한 추세선이고, 하락 추세선은 하락 추세에서 고점을 연결한 추세선이며, 평행 추세선은 상승이나 하락 추세가 명백하지 않고 횡보하는 것이다.

일반적으로 추세선으로는 지지 또는 저항을 알 수 있다. 일단 추세선이 확인되면 한동안 주가는 추세 범위를 벗어나지 않을 가능성이 높다. 일시적으로 추세선을 이탈했다가 다시 회귀하는 경우 큰 의미를 두지 않아도 된다. 추세선은 저점이나 고점에서 여러 번 나타나고 추세선이 길고 기울기가 45도 정도로 안정적으로 움직일수록 더 신뢰할 수 있다. 추세선의 길이가 너무 짧거나 기울기가 너무 완만하거나 크면 위험할 수 있으므로 좀 더 기다리면서 확실한 추세를 파악하고 판단하는 것이 좋다.

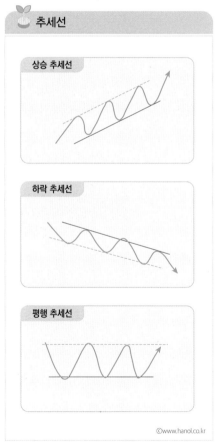

추세선

상승 추세선

하락 추세선

평행 추세선

©www.hanol.co.kr

⓾ 매수/매도

　　상승 추세선이 시작될 때 투자자는 주식을 매입하든지 이미 매입한 주식은 보유한다. 이러한 추세선이 깨지면 언제든지 주의 신호로 간주하고, 특히 거래량이 증가하면서 깨지면 더욱 주의해야 한다. 같은 방향으로 오랜 기간 추세선이 계속된 후 갑자기 이탈할 때 추세 전환으로 접어드는 중대한 신호이므로 신속하게 대응한다. 매수/매도 타이밍은 여러 가지 시그널로 나타나는데 다음과 같다.

• 매수 시점

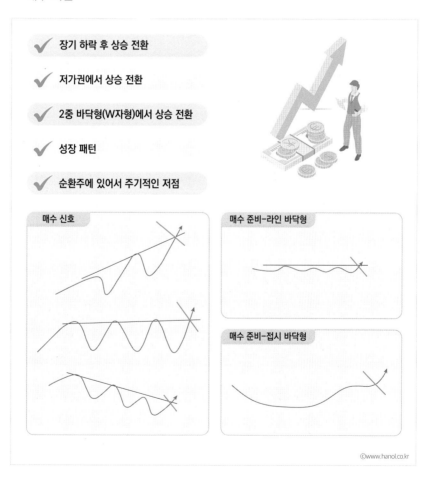

✔ 장기 하락 후 상승 전환

✔ 저가권에서 상승 전환

✔ 2중 바닥형(W자형)에서 상승 전환

✔ 성장 패턴

✔ 순환주에 있어서 주기적인 저점

매수 신호

매수 준비-라인 바닥형

매수 준비-접시 바닥형

©www.hanol.co.kr

• 매도 시점

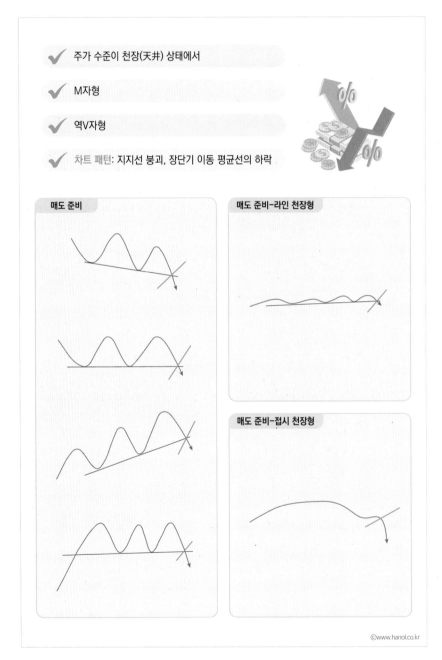

✔ 주가 수준이 천장(天井) 상태에서

✔ M자형

✔ 역V자형

✔ 차트 패턴: 지지선 붕괴, 장단기 이동 평균선의 하락

매도 준비

매도 준비-라인 천장형

매도 준비-접시 천장형

©www.hanol.co.kr

Tip

다우 이론

추세 분석의 주요 이론이 되고 있는 다우 이론(Dow Theory)은 찰스 다우 (Charles H. Dow)가 고안한 것으로 그는 주가 움직임이 주기적인 추세를 형성한 다는 가설을 정립하여 1929년 미국 증권 시장 붕괴를 예언함으로써 유명해졌다. 다우 이론에 의하면 주가는 매일매일의 주가 움직임을 말하는 단기 추세, 통상 3 주에서 수개월간 지속되는 중기 추세, 1~10년에 걸친 장기적 흐름을 나타내는 장기 추세로 구분한다. 그리고 새로운 중기 추세의 바닥점이 그 이전의 바닥점보 다 높으면 장기 추세는 상승 국면으로 들어가고 있음을 말하고, 새로운 중기 추 세의 최고점이 장기 추세의 최고점을 갱신하지 못하면 장기 추세는 하락 국면에 있다고 본다.

출처: 노태욱 외4(2005), 《재테크: 이론과 실제》, 강남대학교출판부

⑪ 보조 지표

• 스토캐스틱

주가는 오르면 반드시 내린다. 주가가 올라 과열 구간에 들어서면 조만 간 하락하고, 반면에 주가가 하락하여 침체 구간에 들어서면 조만간 반등 할 것으로 예상할 수 있는데, 이러한 속성을 이용한 것이 바로 스토캐스틱 (stochastcs)이다. 즉 주가가 오르면 내리고 내리면 오르는 파동성을 이용하여 매수나 매도 시점을 포착하는 기법이다. 스토캐스틱은 크게 슬로우 스토캐스 틱(slow stochastic)과 패스트 스토캐스틱(fast stochastic)으로 나뉜다. 패스트 스토 캐스틱은 주가나 환율의 변동이 자주 발생해서 단기 매매, 빠른 매매에 유리 한 지표이나 그래프 변화가 너무 잦고 급격하기 때문에 판단에 어려움이 발 생한다. 이에 이동 평균선의 성격을 이용하여 느리게 만든 것이 슬로우 스토 캐스틱이다. 일반적으로 슬로우 스토캐스틱을 활용하며 지수가 20% 이하일

성공 예감 재테크 투자

경우 과매도 구간(너무 하락)이므로 매도 시점으로 판단하고, 80% 이상일 경우 과매수 구간(너무 과열)이므로 매도 시점으로 판단한다.

• MACD

주가의 단기 이동 평균선과 장기 이동 평균선의 수렴과 확산을 나타내는 지표이다. 단기 이동 평균선과 장기 이동 평균선이 주가의 변동으로 인해 수렴과 확산을 반복한다는 속성을 이용하여 두 이동 평균선의 차이가 가장 큰 시점을 찾아내 추세 변화의 신호로 삼는 지표이다.

MACD는 크게 MACD선과 시그널선(signal line)으로 구성된다. MACD선은 단기 지수 이동 평균과 장기 지수 이동 평균의 차이이며 일반적으로 단기 이동 평균선의 경우 12일, 장기 이동 평균선의 경우 26일이 이용된다. 단기 지수 이동 평균이 장기 지수 이동 평균보다 위쪽에 위치하면 MACD선은 양수가 되며, 이것은 주가가 상승하는 신호이다. 반대로 단기 지수 이동 평균이 장기 지수 이동 평균보다 아래쪽에 있으면 MACD선은 음수가 되고 이것은 주가가 하락하는 신호이다. 시그널선은 일정 기간의 MACD 지수 이동 평균이며 일반적으로 MACD의 9일 지수 이동 평균을 이용한다. 즉 12일 동안의 지수 이동 평균과 26일 동안의 지수 이동 평균을 구한 후 이들 간의 차이를 다시 9일 동안의 지수 이동 평균으로 산출하는 것이다.

MACD선과 시그널선이 교차하는 시점이 바로 단기 이동 평균과 장기 이동 평균 간의 차이가 가장 큰 것으로 간주한다. 그래서 MACD선이 시그널선 위로 올라가게 되면 MACD가 9일 동안의 평균보다 높게 형성되었다는 의미이므로 매수 신호, 반대로 MACD선이 시그널선 아래로 내려가면 MACD가 9일 동안의 평균보다 낮게 형성된 것이므로 매도 신호로 해석한다. MACD는 추세 전환 시점을 예측하기보다 추세의 방향과 주가의 움직임을 분석하는 데 유용한 지표이다.

매수 시점	· MACD선이 0선을 상향 돌파할 때 · MACD선이 시그널선을 상향 돌파할 때
매도 시점	· MACD 선이 0선을 하향 돌파할 때 · MACD선이 시그널선을 하향 돌파할 때

©www.hanol.co.kr

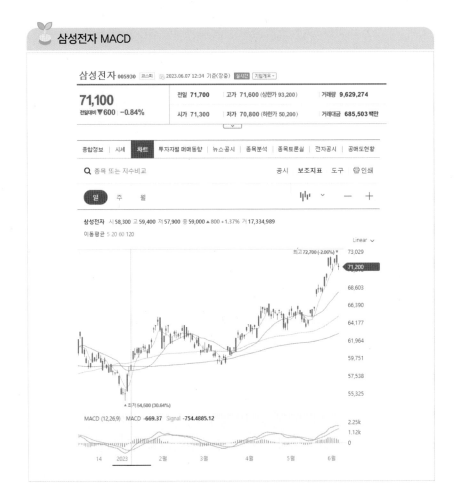

삼성전자 MACD

- RSI

미래 주가의 강세 및 약세를 전일 대비(혹은 전주 대비) 주가 변화의 비율로 예측하는 지표이다. RSI(Relative strength index)는 과거 일정 기간의 가격 상승 폭의 합계(분자)에 대한 같은 기간 내의 가격 상승 폭과 가격 하락 폭의 절대치 합계(분모)의 백분율이다. 이는 80% 이상은 고점 구간으로 매도 영역, 25% 이하는 바닥권으로 매입 영역을 나타낸다. 투자 심리선이 전일 대비 근소한 상승 혹은 대폭적인 상승에 대해 모두 같은 1승으로 취급한 것에 반해서 RSI는 상승 폭, 하락 폭의 정도에 따라 가중치를 부가한 점이 다르다. 따라서 RSI는 투자 심리선을 발전시킨 지표라고 할 수 있다. 주가의 상승 압력과 하락 압력 간의 상대적 강도로 나타냄으로써 지금 주식 시장의 추세, 그리고 그 강도가 얼마나 되는지를 판단할 수 있다.

| 매수 시점 | 30% 이하로 저점 수준일 때 매수 |
| 매도 시점 | 70% 이상으로 고점 수준일 때 매도 |

©www.hanol.co.kr

삼성전자 RSI

⑫ 차트 분석과 투자 전략

결론적으로 매매 시점을 포착하기 위한 구체적인 도구가 차트다. 차트에 나타나는 과거의 주가 변동과 거래량, 패턴 등을 분석하여 주가 예측에 활용한다. 즉 투자 결정 시 주가 변동 상황, 주식 흐름의 패턴, 경기의 호·불황에 따른 수요/공급, 유무상 증자 시의 주가 변동 형태, 거래량의 증감 등을 파악해야 한다. 또한 차트에는 지금까지 진행되던 추세의 방향을 바꿀 때(천장, 바닥에서) 특수한 모형을 형성하는 속성이 있는데, 이 또한 파악해야 한다. 따라서 차트 분석을 통해 이러한 특성들을 파악하여 매수/매도 시점을 포착해야 한다. 이때 가장 중요한 것은 같은 모형이라도 어떻게 해석하느냐가 관건이다.

(3) 투자 심리

❶ 주가와 투자 심리

이 장에서는 주식 투자자의 심리에 대해서 살펴본다. 제1장에서 살펴본 인간의 심리 및 행동과 연계해서 공부하면 좋을 것이다.

투자 심리도는 주식 시장이 과열 상태인지 침체 상태인지를 살펴보는 투자 지표이다. 최근 10일간의 주가 지수 상승일 수를 10으로 나눈 값에 100을 곱해서 구한다. 투자 심리선 지수가 75% 이상일 때에는 주식 시장은 과열되고 매입 세력이 강해 과열권으로 판단한다. 이때가 매도 시점이다. 반면, 투자 심리선의 지수가 25% 이하로 내려가면 주식 시장은 침체되고 매도 세력이 강해 침체권으로 판단한다. 이때가 매입 시점이다. 투자 심리선의 지수가 25~75%인 상태를 중립 지대라고 한다. 이 구간에서는 상황을 지켜보면서 판단해야 한다. 투자 심리 지수는 단순히 12일 중의 상승일 수만 판단하기 때문에 장기적인 매매 시점을 포착하기보다는 단기적인 매매 시점을 포착하는데 더 유리하다. 또한 이것은 정확한 매매 시점을 포착하기 위한 지수라기보다는 시장의 과열 및 침체 상태를 알려주는 지표로 활용하는 것이 바람직하다.

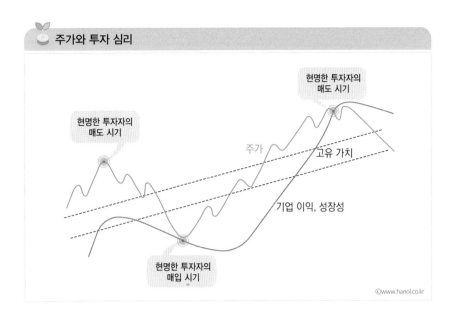

그림에서 보듯이 매수 세력이 강해 기업의 고유 가치보다 가격이 오르면 매도 시점, 고유 가치보다 가격이 떨어지면 매수 시점이다. 이때 심리적 불안감을 극복하는 일이 중요한데, 심리적 불안감을 극복하는 힘은 자신에 대한 강한 믿음에서 나온다.

❷ 하이먼 민스키 모델

하이먼 민스키(Hyman Minsky)는 금융 시장이 일반 재화 시장과 달리 내재적으로 불안정성을 내포하고 있다고 말했다. 또한 금융 시장에서 활동하는 경제 주체들의 행동은 비합리적인 심리와 기대에 영향을 받기 때문에 자산 가격의 거품과 붕괴를 주기적으로 겪게 된다고 주장했다.

금융 시장 호황기에 투자자들은 호황이 계속 이어질 것으로 과신하여 투자 리스크를 저평가하고 과도한 대출을 받아 고위험 상품에 투자한다. 금융 시장은 탄력을 받아 규모가 더욱 확대되고 자산 가격도 크게 상승한다. 그러나 시장이 지나치게 과열되고 실물 경제와의 괴리도 커지면서 투자자들은 기대

한 만큼의 수익을 얻지는 못한다. 그러면 대출을 받아 무리한 투자를 하여 부채 상환에 어려움을 겪게 되고 시장에 대한 불안 심리가 급속히 불거진다. 결국 투자자들은 자신이 보유하고 있던 자산을 처분하여 부채를 상환하게 되고, 이로 인해 자산 가격은 급속히 하락하고 금융 위기를 맞게 된다는 것이다.

민스키 모먼트(Minsky Moment)는 과도한 부채에 부담을 느낀 투자자들이 부채 상환을 위해 자신이 보유한 건전한 자산마저 팔아야 하는 시점, 즉 금융 위기의 시발점을 말한다. 이때 투자자들의 심리를 역이용한다면 좀 더 많은 기회를 포착할 수 있다. 가장 중요한 것은 심리적 공포를 극복하는 일이다.

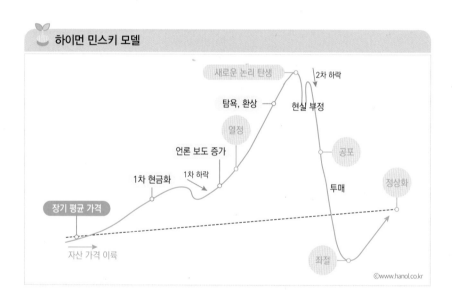

하이먼 민스키 모델

⑧ 주식 투자의 성공 전략

주식 투자는 돈을 벌기 위한 수단이다. 오늘도 수많은 사람이 주식 시장에 참여하여 제로섬(zerp-sum) 게임을 하고 있다. 한마디로 주식 시장은 전쟁터와 같다. 우리가 전쟁에서 승리하기 위해서는 최첨단 중화기로 무장하고 참전해야 승리하듯이 주식도 그러한 노력이 필수적이다. 그것은 수익의 크기와 비례한다. 주식 투자는 기본적인 전문 지식, 투자 원칙, 투자 덕목을 지키면서 시장 상황에 따라 유연하게 대응하는 것이 바람직하며 다음과 같은 투자 전략으로 접근하면 성공 가능성을 높일 수 있다.

(1) 주식 투자의 기본은 환경 분석

투자 결정을 할 때 거시 환경과 미시 환경을 살펴봐야 한다. 거시 환경은 기업 경영에 직간접적인 영향을 주는 정치, 경제, 사회, 문화, 기술 등이며 경제 성장률, 금리, 인플레이션, 환율 등이 주주에 미치는 영향을 살펴야 한다. 반면, 미시 환경은 기업 경영에 직접적인 영향을 주는 고객, 경쟁자, 직원 등이며, 매출, 이익 등과 같은 경영 성과로 나타난다. 이러한 요인들은 기업과 유기적으로 연결되어 있기 때문에 이를 종합적으로 고려해야 한다.

(2) 주식 투자의 핵심 포인트

❶ 기본적으로 장기 투자, 가치 투자 관점에서 접근하라

시장 상황이나 투자자의 여건에 따라 단기 전략도 필요하다. 그러나 기업의 성장성, 수익성, 안정성을 분석하여 실적 호전주, 저평가주를 선별하자 → 재무제표 분석 지표 활용

❷ 투자 종목은 해당 산업 중에서 1, 2등 주에 투자하라

Blue chip(1등주), Yellow chip(2등주) → 현실적으로 1등주는 가격이 비싸기 때문에 전략적으로 2등주에 투자하는 것도 괜찮다.

❸ 테마주를 전략적으로 활용하라

배당주, 계절주, 경기 민감주, 방어주 등의 특징을 살펴 외국인, 기관보다 한발 빨리 움직이자.

❹ 미래 성장주에 투자하라

소득 증가와 워라벨 등으로 건강, 여행, 금융, 4차 산업 관련 종목이 좋아질
것으로 예상된다.

❺ 시장 지배력/독과점/필수 소비재 종목에 투자하라

외국인과 기관들이 선호하는 종목이다. 주식 순환 사이클을 살펴 외국인,
기관보다 한발 앞서 투자하자

❻ 결정적인 투자 시기는 개인 주도 장세 끝자락이다.

손실 피해자들이 속출(기업 도산, 개인 파산, 자살 등)하고 개인들이 증권 시장을
떠나면서 이구동성으로 다시는 주식을 안 한다고 할 때가 결정적 매입 시기
이다.

(3) 가치 체인(value chain)을 활용한 종목 발굴 모형

기업이 하나의 브랜드를 생산하기 위해서는 여러 공정이 있는데, 이 중에
서 어느 공정이 핵심(가치)인가를 분석하여 종목을 발굴하는 방법이다. 예를
들면, 투자자가 전기 자동차에 관심이 있다면 어느 기업의 브랜드가 괜찮은
지, 그 브랜드의 차에 들어가는 핵심 부품은 무엇이고, 그 핵심 부품은 어느
협력 업체에서 생산하는지 등을 살펴보고 가장 가치 있는 기업을 선정하는
것이다.

가치 체인(value chain) 모델

(4) 주식 투자 결정 모형

경제 상황 및 예측

거시 지표·미시 지표

가치 분석

재무제표 2022년	상황 분석	미래 예측
비율 분석, 지표 활용 (부채 비율, per 등)	변화 요인 (공시, 뉴스 등 정보 활용)	성장 모멘텀 (momentum)

기술 분석

차트 추세, 패턴, 파동, 거래량, 이동 평균선, MACD, STC, 각종 지표 등

심리

투자 심리(시장 분위기, 수급 등)

투자 원칙

투자 배분 포트폴리오, 투자 덕목

투자 결정

©www.hanol.co.kr

주식 투자는 한두 가지 정보만으로 결정할 수 없다. 그만큼 주가에 미치는 영향 요소는 수없이 많다. 그렇다고 모든 것을 다 반영하려다 보면 오히려 결정하기 힘들거나 기회를 놓칠 수 있다. 이럴 때에는 주가에 긍정적, 부정적 영향을 주는 결정적 요인들을 선별하여 이를 바탕으로 종합적으로 판단하는 것이 좋다. 앞에서도 언급했듯이 주식 시장은 전쟁터와 같다. 따라서 투자자는 마음가짐을 굳건히 하고 전문 지식으로 무장하여 주식 시장에 참여하는 자세가 절대적으로 필요하다.

CHAPTER
04
부동산

CHAPTER
04

부동산

① 부동산이란

동산(動産)은 형상, 성질이 변하지 않고 옮길 수 있는 재산이며, 부동산(不動産)은 토지와 그것에 정착된 건물이나 수목(樹木) 등과 같이 옮길 수 없는 재산을 말한다. 부동산은 전통적으로 가장 선호하는 자산이다. 과거 부동산은 소유에 초점을 맞췄지만, 현대에는 사회적 신분과 부(富)의 상징이 되기도 한다. 또한 우리나라 부동산은 산업화 시대의 개발 붐으로 가격이 엄청나게 상승했기 때문에 중요한 재테크 수단으로 각광받고 있다.

우리나라 부동산은 경제, 사회, 개인에 미치는 영향력이 실로 대단하다. 개인들의 재산 중에서 부동산이 차지하는 비중이 70%가 넘는다고 한다. 그렇기 때문에 정권이 바뀔 때마다 부동산 정책은 과제 1순위이지만 그 결과물은 신통치 않다. 그만큼 부동산 문제는 복잡성을 띤다. 그 때문에 부동산 문제를 올바르게 인식하고 대처하기 위해서는 법률적 측면(합법성), 경제적 측면(효율성), 물리적·기술적 측면(형평성)을 복합적으로 이해할 필요가 있다.

부동산을 투자 관점에서 살펴보면 부동산의 유형, 부동산 유형에 따른 특성, 부동산과 경제의 상관관계는 물론 부동산이 다른 부문에 미치는 파급 효과, 부동산 유형에 따른 투자 전략, 경기 변동에 따른 부동산의 수요와 공급의 상관관계, 부동산 감정 평가의 특성 등을 이해할 필요가 있다. 나아가 전통적인 재무 관리와 일반적인 투자 이론을 부동산 투자에 접목시켜 부동산 투자에 필요한 의사 결정 모형과 실전적인 투자 방법에 대해서도 알아야 한다. 부동산 투자에서 수익을 극대화하기 위해서는 변화 가능성이 큰 곳에 투자해야 한다. 왜냐하면 변화의 크기와 수익의 크기는 비례하기 때문이다.

| 아파트

| 오피스텔 내부

| 상가

② 부동산의 유형

부동산에는 아파트, 빌라, 오피스텔, 상가, 토지, 임야 등이 있다. 재테크 차원에서는 단지 부동산을 사고파는 것 외에도 재개발, 재건축, 부동산 개발(develop), 펀드 등이 있다.

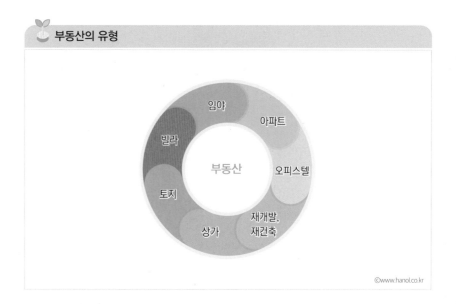

부동산의 유형

©www.hanol.co.kr

③ 부동산의 유형별 특징

부동산은 투자 상품에 따라 여러 가지 특징이 있다. 이런 특징을 고려하여 투자를 결정해야 한다.

(1) 주택

주택은 사람이 살 수 있게 지은 건물을 의미하며 크게 단독 주택과 공동 주택으로 구분한다. 단독 주택은 한 세대가 하나의 건축물 안에서 독립된 주거 생활을 할 수 있는 구조로 된 주택을 말한다. 단독 주택에는 일반적인 단독 주택 외에 다중 주택과 다가구 주택이 포함된다. 공동 주택은 대지 및 건물의 벽이나 복도 또는 계단 등의 전부 또는 일부를 공동으로 사용하는 주택을 말한다. 즉 하나의 건축물 안에서 각 세대가 독립된 주거 생활을 영위할 수 있는 구조로 된 주택으로 아파트, 연립 주택, 다세대 주택 등이다.

주택을 공급하는 주체에 따라서는 국민 주택과 민영 주택으로 분류한다. 국가나 지방자치단체, 토지 주택 공사, 지방 공사 등에서 건설하거나 지원, 개량하는 주택은 국민 주택, 이를 제외한 아파트를 민영 주택이라 한다. 국민 주택의 경우 주거 전용 면적 85m² 이하의 평면으로만 공급된다. 공동 주택은 5층 이상이면 아파트, 4층 이하는 주차장 면적을 제외한 연면적 660m²를 초과하면 연립 주택, 그 이하면 다세대 주택으로 구분한다.

❶ 아파트(apartment)

우리나라에서 가장 인기 있는 공동 주택은 역시 아파트다. 아파트는 5층 이상의 건물을 층마다 여러 집으로 일정하게 구획하여 각각의 독립된 가구가 거주할 수 있도록 만든 주거 형태이다.

아파트의 장점은 첫째, 좁은 면적에 높게 지을 수 있어 국토의 손실을 줄일 수 있다. 예를 들면, 10가구가 각자 단독 주택을 짓고 살려면 주택 10채를 지을 면적이 필요하지만, 아파트를 짓는다면 공용 면적을 감안하더라도 훨씬 좁은 면적만 있어도 10채를 지을 수 있다. 아파트의 층수가 높을수록 이러한 효율성은 더욱 커지며 그만큼 녹지를 많이 보존할 수 있다. 둘째, 빌라와 같은 다른 주택에 비해 투자 가치가 있다. 아파트는 대부분 도심에 있기 때문에 편

의 시설이 잘 갖춰져 있고 교통도 편리하다. 또한 우리나라에서 가장 보편화된 주거 양식으로 집을 장만하려는 사람들에게 매우 인기가 높고 매물도 다양하여 선택의 폭이 넓다. 셋째, 다른 건축물에 비해 분양 면적에서 공용 면적을 뺀 전용 면적이 넓다.(전용률: 아파트 75%, 상가 60%, 오피스텔 50%) 그래서 다른 주거 방식보다 상당히 경제적이고 효율적이며 선호도가 높아 투자 가치가 있다.

아파트의 단점은 첫째, 많은 가구가 공동으로 생활하는 공간이기 때문에 층간 소음, 크고 작은 갈등, 사생활 침해 등 불편을 겪을 수 있다. 특히 질이 낮은 아파트일수록 이러한 단점이 더욱 두드러진다. 둘째, 불이 나거나 자살 사건, 기타 범죄 행위가 발생하면 전체 아파트 가격이 폭락한다. 이럴 때 땅값이나 아파트 가격이 떨어질 것을 걱정하여 집단 이기주의가 발동하기도 한다. 다시 말해 주민들이 단합하여 가격 폭락을 감추거나 심지어 조작하기도 한다는 뜻이다. 결론적으로 다른 주택에 비해 장점이 많고 선호도가 높은 아파트를 구입하는 것이 주거뿐만 아니라 재테크 차원에서도 유리하다. 또한 다른 투자 상품(주식, 금융)에 비해 안전성과 수익성은 좋으나 환금성은 떨어진다. 그러나 부동산 중에서는 아파트가 환금성이 가장 좋다.

Tip

아파트 투자 포인트

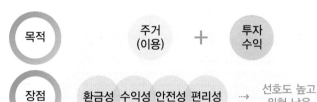

목적	주거 (이용) + 투자 수익
장점	환금성 수익성 안전성 편리성 → 선호도 높고 위험 낮음
단지 내	위치, 경사, 배치, 동간 거리, 시설물, 층, 방향, 산과의 거리 등을 파악

좋은 아파트 선택 시 고려사항

· 입지(지리적 위치, 교통의 접근성 및 편리성, 주변 환경)

· 편의 시설(상업 시설, 고객 집객 시설, 기타 편의 시설 등)

· 학군(중고등학교, 양과 질)

· 단지 규모(1,000가구 이상)

· 혐오 시설(쓰레기 처리장, 송전탑, 화학 공장, 납골당 등)

· 평형(25평 미만, 25~38평, 38평 이상) → 특징, 수요/공급
  파악(선호도)

· 브랜드 파워(A급, B급, C급) 및 평판

· 녹지 공간(공원, 주거 환경, 배산 임수 등)

· 가격 비교(아파트: 1~2군데 시세 비교/상가: 인근 부동산
  2~3군데 시세 비교)

· 수익성(매도가 – 매입가 = 수익 - 양도세 = 순이익)
  → 포트폴리오 설계 시 비용과 세금 고려

❷ 빌라(villa)

원래 뜻(고급형 빌라)과 달리 우리나라에서는 빌라라고 하면 4층 이하의 소형 공동 주택을 뜻한다. 빌라는 아파트에 비해 투자 가치가 떨어지고 선호도도 낮지만 서민들이 많이 생활하고 있는 주거 형태이다.

빌라의 장점은 첫째, 아파트에 비해 동일 면적 대비 가격이 싸다. 매매가나 전세가 역시 같은 구역에 있는 아파트에 비해 저렴하므로 자금이 부족한 사람들이 거주하기에 적합하다. 둘째, 오피스텔에 비해 전용률이 높다. 오피스텔은 주차장, 로비, 엘리베이터, 복도 등을 구비하고 있어 주거 공용 면적 비율이 높은 반면, 빌라는 공용 면적 비율이 낮다. 셋째, 관리비가 매우 저렴하다. 대단지 아파트에 비해 건축물이나 편의 시설 등이 없다.

단점은 첫째, 집값 상승을 기대하기 어렵다. 위에 서술한 빌라의 장점이 고스란히 집값에 부정적 영향을 미친다.(아파트에 비해 입지, 편리성, 선호도 떨어짐) 둘째,

주로 도심 외곽이나 변두리에 위치하고 있어 편의 시설이 부족하고 교통편이 불편하다. 셋째, 주차 문제이다. 차량 보유 대수가 증가함에 따라 2층부터 주거 공간으로 하는 '필로티 공법' 빌라가 많이 건설되고 있지만 그래도 주차장이 부족하다.(필로티 공법: 벽면 없이 기둥만으로 떠받치며 지상층을 개방시킨 구조) 넷째, 대부분 엘리베이터가 없어 올라가거나 내려갈 때 힘들고 이사할 때나 가전, 가구 등을 옮길 때 불편하다. 다섯째, 옆 건물과 바로 붙어 있는 경우가 많아 일조권 측면에서 불리하다.

따라서 빌라는 아파트에 비해 불리한 점이 많고 투자하는 순간부터 가치가 하락하는 개념이기 때문에 주거 목적으로 만족해야 한다. 재테크 관점에서는 다른 주택에 비해 장점이 많고 선호도가 높은 아파트를 구입하는 것이 유리하다.

$ 필로티 구조 빌라

• 신축 빌라

최근 신축 빌라의 전세 사기 사건이 전국적으로 확산되는 양상이다. 신축 빌라의 경우 분양이나 전세 입주 시 특히 주의해야 한다. 신축 빌라를 분양받을 때 첫째, 주변 시세를 정확히 알아보고 가치 있는 빌라인지, 분양가는 적절한지 등을 판단한다. 주인이나 공인중개사의 말만 믿고 계약할 경우 시세보다 비싸게 사는 경우가 많다. 그것은 건축주와 분양업자, 공인중개사 간의 수익 구조상 비용이 올라가기 때문이다. 그리고 이것은 사기의 빌미가 되기도 한다. 시세는 국토부에서 제공하는 실거래 사이트에서 확인할 수 있다.(국토부 실거래가 공개 시스템 사이트 주소: http://www.molit.go.kr)

둘째, 권리상에 문제가 없는지를 확인해야 한다. 경제적 능력이 없는 바지사장을 내세울 경우 나중에 큰 문제가 생길 수 있다. 소유권, 건축 승인 등 권리상에 조금이라도 문제의 소지가 있으면 계약을 안 하는 것이 상책이다. 신축 빌라가 바지사장 명의일 경우 나중에 민사 소송에서 승소하더라도 전세금을 돌려받을 길이 없다. 그것이 법의 맹점이다.

셋째, 신축 빌라에 전세로 들어갈 경우 매매가가 없기 때문에 전세보증보험 가입이 안 돼 전세금을 보호받지 못할 수도 있다. 게다가 주인이 가입하는 임대차보증보험이나 세입자가 가입하는 전세반환보증보험의 가입 조건이 갈수록 까다로워지고 있어 계약 전에 보증 보험에 가입할 수 있는지를 확실

히 확인하고 가입 비용도 누가 얼마를 부담할 것인지를 조정해서 특약 사항에 기재해야 한다. 예를 들면, 재계발 지역에서 사업 기준일 이후 완공돼 등기를 새롭게 취득한 신축 빌라를 매입한 경우 '지분 쪼개기'로 간주해 현금 청산 대상자가 된다. 즉 새로 짓는 집에 입주를 못한다는 얘기다.

• 전세 사기 사건 사례

전세 사기 사건의 전제 조건은 시세보다 분양가나 전세가가 비쌀 때 일어날 가능성이 높다. 그리고 소유자나 건축업자, 부동산 중개사가 작당해서 하기 때문에 사전에 대응하기 쉽지 않다. 2000년대 이후 전세 보증금의 급격한 상승과 함께 전세 사기가 늘어나고 있다. 특히 2010년대 이후 전세 사기 관련 범죄 발생 건수가 크게 증가한 것으로 나타났다.

대부분의 사기 사건은 경제적 능력이 없는 '바지사장' 명의였다. 계약을 꺼리는 세입자들에게 "집주인이 인천 제일의 현금 부자라서 근저당은 걱정하지 않아도 된다", "집주인이 인근에 건물을 3채나 가지고 있다"는 식으로 바람을 잡으며 계약을 부추긴다. 인천시에 따르면 미추홀구에서만 경매나 공매로 넘어간 집이 1,500채가 넘는 것으로 파악되었고, 피해자나 피해액이 더 늘어날 가능성이 크다고 한다.

전세 사기는 다양한 수법을 사용하여 이루어지며 대표적인 유형으로는 분양가 부풀리기, 이중 계약, 불법 중개, 저가 매물, 깡통 전세, 불법 건축물 사기, 직거래 사기 등이 있다.

💡 **예시**

- **분양가 부풀리기** 신축 빌라 분양가를 감정할 때 주변 시세보다 부풀리는 방법

  🔔 **대처법** 주변 빌라 시세 확인, 등기부등본상에 권리 관계 확인, 국세와 지방세 완납증명서 확인

- **이중 계약** 중개인이 주인에게는 월세로 계약했다고 속이고 세입자와는 전세 계약을 한 경우

  🔔 **대처법** 대리 계약일 경우 집주인과 통화(위임장, 인감증명서, 신분증 확인)

- **갭투자 전세 사기** 매매가보다 높은 가격에 전세 계약을 하고 매각 후 잠적하거나 명의 변경, 주인(건축주)은 이미 건축 비용을 포함한 이익까지 챙긴 상태

  🔔 **대처법** 매매가보다 전세가가 높으면 계약하지 않는다. 전세 구하기가 힘든 어쩔 수 없는 시장 상황과 관련자들이 바람 잡는 분위기에 휩쓸리지 말고 원칙을 지키기 것이 중요하다.

- **직거래 사기** 남의 집을 자기가 주인이라고 속이고 세입자와 계약한 후 잠적

  🔔 **대처법** 가능하면 공인중개사를 통해 거래한다.

- **불법 건축물** 상가를 주거용으로 속이거나 불법 증축 및 개축한 경우

  🔔 **대처법** 가능하면 공인중개사를 통해 거래한다. 건축물 대장을 꼼꼼히 확인한다.

이러한 전세 사기 사건에 휘말리지 않으려면 계약 체결 전에 주인이나 공인중개사의 말만 믿지 말고 반드시 객관적 사실들을 확인해야 한다. 즉 권리 관계(등기부등본, 건축물 대장, 토지이용계획확인원 등), 시세(국토부), 보증 보험 가입 여부(기관에 실제 정확한 내용으로 상담), 특약 사항들을 상세히 확인한다. 더욱 중요한 것은 특약 사항을 반드시 이행할 수 있도록 조치를 취해야 한다. 부동산 계약에 있어서 믿을 것은 말이 아니라 계약서와 공부(公簿) 그리고 녹취록 같은 객관적 증거이다.

❸ 재건축 아파트

재건축 사업은 낡고 노후화된 아파트 또는 불량 주택을 철거하고 새로운 주택을 짓는 것이다. 즉 기존 주택의 소유자들이 재건축 조합을 설립해 자율적으로 추진하는 사업이다. 따라서 기존의 아파트가 오래되고(30년), 안전 진단 결과 문제가 있고(위험성), 저층 아파트이면(현재 용적률) 추진할 가능성이 높아 큰 투자 수익을 기대할 수 있다.

재건축 사업은 저층을 고층으로 짓는 것이 가능하므로 신축 아파트의 면적이 크게 증가한다. 그러나 최근에는 정부에서 이익을 환수(기부 채납)해 가기 때문에 과거에 비해 수익성이 떨어진다. 재건축 사업은 해당 아파트의 건폐율이나 용적률에 따라 사업 추진이나 수익성이 크게 달라지므로 아파트의 위치와 용적률(현재 → 개발 후) 등을 면밀히 살펴 투자해야 한다.

예를 들면, 저층(5층) 아파트를 헐고 고층(20층)으로 짓는다면 큰 수익을 기대할 수 있지만, 고도 제한에 걸려 저층(5층) 아파트를 저층(7층)으로밖에 지을 수 없다면 수익을 기대하기 어렵다. 오히려 추가 분담금을 부담해야 해 사업 추진 자체가 어려울 수 있다.

• 분양 방법

새로 짓는 재건축 아파트를 구입하는 방법은 기존의 아파트 지분을 취득

아파트 재건축 전 / 후

하여 재건축 조합원 자격으로 분양받는 방법과 신축 아파트를 1차로 조합원에게 분양하고 남은 나머지 물량을 일반 분양할 때 받는 방법이 있다. 그러나 좋은 위치, 좋은 동, 좋은 층은 조합원들에게 먼저 분양하고 나머지 물량을 분양하기 때문에 좋은 조건을 갖춘 동이나 층은 분양받기 힘들다. 그렇지만 위치가 좋고 분양가도 적당하다면 장기적으로 투자 가치가 있어 선별적으로 투자하면 좋다.

• 추진 절차

재건축 사업의 절차를 살펴보면 다음과 같다.

첫째, 준비 단계는 재건축추진위원회를 구성하고 재건축 결의를 한다. 둘째, 제일 중요한 과정 중의 하나가 안전 진단을 거쳐 조합 설립 인가를 받는 것이다. 안전 진단을 통과하지 못하면 더 이상 사업을 추진할 수 없다. 안전 진단 통과는 사람이 살기 힘들 정도로 위험한(노후화로 기울어짐, 벽에 생긴 틈새, 좁은 진입로, 주변 환경과의 부조화 등) 아파트가 유리하다. 셋째, 시행 단계는 재건축 시공사를 선정하고 사업 계획 승인을 받는 것이다. 그리고 가장 중요한 관리 처분 계획을 확정, 정산하고 이주 및 철거를 한다. 넷째, 마지막 단계는 새로운 아파트를 착공 및 분양하고 청산 및 해산한다.

• 관리 처분 계획 인가는 종전의 토지 또는 건축물의 소유권과 지상권, 전세권, 임차권, 저당권 등 소유권 이외의 권리를 새로 조성된 토지(대지)와 축조된 건축물에 관한 권리로 변환시켜 배분하는 일련의 과정이다.(대지 지분, 건축비 부담액, 정산 금액 결정)

 Tip

재건축 아파트의 분양 방법/추진 절차/용적률

❶ 분양 방법
- 1차: 조합원에게 분양
- 2차: 잔여분 아파트 일반 분양

❷ 추진 절차

재건축 결의 → 안전 진단 → 창립 총회 → 조합 설립 인가 → 사업 계획 승인 → 이주 → 철거 및 착공 → 분양 → 입주 → 조합 해산

❸ 용적률이란?

전체 대지 면적에서 건물 각층의 면적을 합한 연면적이 차지하는 비율

$$용적률 = \frac{연면적}{대지\ 면적} \times 100$$

(연면적은 지하 면적을 제외한 지상 면적의 합계)

재건축 아파트 투자 포인트

✓ 대지 지분이 넓을수록 좋다.(큰 평수를 받을 수 있고 추가 분담금은 줄어든다)

✓ 현재의 용적률이 낮아야 좋다.(저층 → 고층)

✓ 대지 면적에 비해 가구 수가 적어야 유리하다.(파이가 크고 가구 수는 적어야 이익이 커짐)

✓ 단지 규모가 클수록 좋다.(3,000평 이상)

✓ 진입로가 넓을수록 좋다.(추가 공사비가 안 든다)

✓ 저밀도 지구는 불리하다.(용적률 제한, 고도 제한)

✓ 로얄층보다는 1층이나 꼭대기층이 유리하다.(건물은 잔존 가치 0, 대지로 평가)

©www.hanol.co.kr

재건축 아파트는 사업 추진이 원활하게 진행되느냐가 관건이다. 그리고 기본적으로 재건축 사업은 시간이 오래 걸리기 때문에 여유 자금으로 투자하는 것이 좋다. 재건축 사업 기간을 5년 정도 예상했다가 지연되어 10년 또는 20년이 걸릴 수도 있기 때문이다. 그러면 그 기간 동안에 재건축 사업비는 계속 증가하기 때문에 수익은 감소하고, 만약 대출을 받아 투자했다면 이자 부담도 엄청나 낭패를 볼 수 있다.

❹ 재개발 아파트

재개발 사업은 도시 내에 낡고 오래된 주택을 헐고 새로 건축하는 등 주거 환경을 개선하는 도시 계획 사업이다. 즉 낙후되거나 불량 주택 밀집 지역을 철거하고 그곳에 고층 아파트를 건축하는 것은 물론 기반 시설(도로, 가스, 수도, 학교, 공원 등)도 새롭게 설계하는 계획 도시를 만드는 것이다. 재개발 사업은 지방자체단체에서 개발 지구로 지정하면서 시작되고, 해당 지역의 토지 및 건축물의 소유자는 조합을 설립하여 지자체와 공동으로 추진한다.

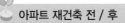
아파트 재건축 전 / 후

• 분양 방법

　조합원들은 새로 건축하는 아파트의 분양을 일차적으로 신청하며 나머지는 일반인에게 분양하고 그 분양 대금으로 건축비를 충당한다. 조합원이 분양받은 아파트는 당해 조합원이 출자한 토지와 건물의 가액으로 우선 상계 처리하고 차액만을 납입한다. 전체 사업이 종결되고 정산 결과 사업비가 부족하면 그 금액만큼 조합원이 부담하고 이익이 남으면 분배한다.

• 추진 절차

　재개발 사업의 모든 절차가 다 중요하지만, 그중에서도 사업 시행 인가와 관리 처분 계획 인가가 특히 중요하다. 사업 시행 인가는 조합이 어떤 지역을 대상으로 재개발 사업을 추진하겠다는 구체적인 안을 지자체에 제시하고 지자체가 그것을 검토·승인하는 것이다. 재개발/재건축(안)을 지자체가 심의하고 통과 또는 반려시키는 과정을 '건축 심의'라고 한다. 보통 수없이 수정·보완하는 과정을 거치기 때문에 시간이 많이 걸린다.

개발 계획에는 건축물의 배치, 높이, 밀도 계획, 기반 시설(도로·학교·관공서 등), 주민 이주 대책, 세입자 대책, 임대 주택 등이 포함된다. 또한 임대 주택이나 소형 주택 비율이 적절한지 등에 대한 문제도 논의를 통해 조율한다.

한편, 관리 처분 계획 인가는 사업 추진에 들어가는 자금을 정산하는 과정이다. 재개발 전의 재산 가치와 재개발 후의 재산 가치를 감정 평가하여 추가 분담금을 걷을지, 아니면 자금이 남아 주민들에게 돌려줄지를 정산한 후 지자체에서 관리 처분 인가를 받는다. 관리 처분 인가와 동시에 조합원들의 재산권은 제약된다. 즉 땅을 건설업체에 넘긴 것으로 보면 된다.

여기까지 진행되면 재개발 사업이 90% 끝난 셈이다. 보통의 경우 관리처분인가를 받으면 조합원과 세입자에게 이주 명령이 내려진다. 정산 과정에서 추가 분담금이 있으면 조합원들은 돈을 내거나 아니면 지금 가지고 있는 집과 땅의 가치를 정산하고 이사를 가면 된다. 이것을 현금 청산이라고 한

다. 물론 최근 몇 년 사이에 법 개정으로 임대 아파트 입주권 등을 받을 수 있게 되었지만, 새 아파트에 입주할 자금을 마련하지 못해 이사 가거나 전세로 사는 원주민들이 많다. 사실 재개발 사업은 원주민들의 주거 환경 개선을 위한 공공 사업이다. 그러나 현실적으로 원주민이 분양받아 살던 곳에 사는 사람은 그리 많지 않으니 아이러니하다.

만약, 자기 집이 재개발 지구로 지정된 경우에는 재개발 추가 분담금 추정

액을 알아봐야 한다. 추가 분담금을 낼 수 있으면 재개발 조합원으로 빨리 가입하는 것이 유리하고, 그렇지 못한 경우에는 적절한 시점에 집을 매도해야 한다. 그러나 대부분의 재개발 사업은 개발 이익을 크게 기대할 수 있으므로 부동산 경기 흐름을 살피면서 기다렸다가 프리미엄을 받고 처분해도 늦지 않다.

재개발 아파트는 추진 과정에서 변수가 많이 발생하기 때문에 반드시 장기적인 관점에서 여유 자금으로 투자하는 것이 바람직하다. 특히 자신이 잘 아는 지역에서 추진되는 재개발 사업이 있다면 소문이 돌 때 투자하는 것이 현명하다. 왜냐하면 지방자치단체에서 개발 지구로 지정하면 그때는 이미 가격이 많이 올라 있기 때문이다.

 Tip

재개발 아파트 분양 방법/추진 절차/관리처분계획인가

❶ 분양 방법
- 1차: 조합원에게 분양
- 2차: 잔여분 주택 일반 분양

❷ 추진 절차

기본 계획 수립 → 구역 지정 → 조합 설립 인가 → 사업 시행 인가 → 분양 신청 → 관리처분계획인가 → 철거 및 착공 → 준공 및 입주 → 청산 및 해산

❸ 관리처분계획인가

종전의 토지 또는 건축물의 소유권과 지상권, 전세권, 임차권, 저당권 등 소유권 이외의 권리를 새로 조성된 토지(대지)와 축조된 건축 시설에 관한 권리로 변환시켜 배분하는 일련의 과정.(대지 지분, 건축비 부담액, 정산 금액 결정)

재개발 아파트 투자 포인트

사업 단계별로 프리미엄이 붙는다.

사업 추진 속도가 빠른 곳이 좋다.

공시 지가가 높은 곳이 감정 평가 금액도 높다.

현재의 용적률이 낮은 곳이 좋다.(대지 면적 대비 건물 연면적 비율)

단지 규모가 크고 조합원/세입자가 적을수록 좋다.

사업 기간이 오래 걸리기 때문에 적정 규모의 대지를 매입하는 것이 좋다.

예

| 10평 미만 대지 | ···▶ 25평 | 15~20평 미만 대지 | ···▶ 32평 | 30평 미만 대지 | ···▶ 40평 |

©www.hanol.co.kr

재개발/재건축 사업 비교

구 분	재개발 사업	재건축 사업
근거	도시재개발법	주택건설촉진법
특징	도시 계획 차원	주택 공급 차원
시행 주체	토지, 건물 소유자/조합, 공공 기관	재건축 조합
주택 규모	시도 조례에서 정함	해당 없음
공급 대상	토지, 건물 소유자/세입자(임대 주택)/잔여분 주택: 일반 분양	조합원 잔여분 주택: 일반 분양
세입자 대책	주거대책비 지급 또는 임대 주택 입주	없음
주민 동의	• 조합 설립 시: 토지 건물 소유자의 각 2/3 이상 • 사업 시행 시: 토지 면적 2/3 이상의 소유자, 토지 건물 소유자의 각 2/3 이상	재건축 조합 인가 시 4/5 이상 각 동별 2/3 이상

🐝 도급제와 지분제

구 분	도급제	지분제
개념	• 시공사: 건물 시공에 국한 • 조합원: 사업으로 인한 소득은 전액 조합원의 소득으로 됨	• 조합원은 계약 시 일정 지분을 받고 사업 수행에 따른 모든 사항을 시공사가 책임
장점	• 조합이 사업 추진에 직접 간여하기 때문에 공정한 사업 진행 • 공사 진행 속도가 빠름	• 조합원의 대략적인 지분율을 사전에 알 수 있음 • 전적으로 시공사 책임
단점	• 최종 청산 전까지는 조합원 지분율을 정확히 알 수 없음 • 공사비 인상률을 적용해주어야 함	• 사업 지연 시 시공사에 일방적 이익이 돌아감/고의적으로 사업 지연

내 집 장만하는 법

내 집을 장만하는 방법은 아파트 분양 신청, 경매 낙찰, 일반 매매로 매입하는 방법이 있다.

신규 분양

많은 사람이 가장 선호하는 방법으로 새로 지은 아파트를 분양받는 것이다. 분양받은 아파트가 가치가 있으면 프리미엄도 붙는다. 당첨 가능성을 높이기 위해서는 아래 조건을 준비하고 특정 지역을 노려 분양받는 것이 좋다. 자신이 원하는 지역의 분양 정보를 늘 체크하고 시장 가격 대비 분양가, 분양 조건 등을 꼼꼼히 따져보고 아파트 투자 포인트 10가지를 고려하여 결정한다. 일반적으로 새 아파트는 선호도가 높고 분양 가격은 비교적 적당해서 많은 사람이 분양받기를 원한다. 당첨 확률을 높이려면 다음 요건을 충족해야 유리하다.

첫째, 주택의 종류를 알아야 한다. 청약을 신청할 때 어떠한 아파트인지에 따라 청약 자격이나 조건, 선정 방식, 재당첨 제한 등이 달라진다. 국가나 지방자치단체, 토지주택공사, 지방공사 등에서 건설하거나 지원, 개량하는 주택은 국민 주택, 이를 제외한 아파트를 민영 주택이라 한다. 국민 주택의 경우 주거 전용 면적 85m² 이하의 평면으로만 공급된다.

둘째, 주택 청약 1순위 조건을 알아야 한다. 모든 기준은 모집 공고일이다. 입주자 모집 공고일 기준으로 신청하려는 건설 지역 또는 주변 지역으로 주소가 돼 있어야 하고 등본에 등재된 모든 세대원이 분양권이나 주택을 소유하고 있지 않아야 한다. 또한 해당 지역의 규제 상황도 살펴봐야 한다. 투기 과열 지구나 청약 과열 지구라면 청약 저축 가입 후 2년이 지나야 하고, 그 이외의 지역은 사업지별로 차이가 있다.(6개월~1년까지)

셋째, 국민과 민영의 차이점은 예치금에 있다. 민영 주택 청약 1순위 조건은 입주자 모집 공고일을 기준으로 일정 금액 이상의 예치금이 통장에 있어야 한다. 주택청약 1순위 조건에 필요한 예치금은 아파트 평형과 지역에 따라 다르다.

이렇게 주택 청약 1순위는 거주 지역, 무주택 여부, 청약 통장 가입 기간, 예치금 등을 통해 결정된다. 1순위에 해당된다면 그다음은 가산점을 받을 수 있는 조

건을 살펴봐야 한다. 대개 위치가 좋은 아파트 분양은 1순위자끼리 경쟁이다. 그러나 위치가 나쁘거나 브랜드 파워가 떨어지거나 부동산 경기가 안 좋을 때에는 후순위에게도 기회가 온다.

경매

아파트를 경매로 매입하는 방법이다. 경매는 제7장에서 다루었다. 경매는 부동산 시장이 좋으면 좋은 대로 나쁘면 나쁜 대로 전략적으로 대응할 수 있다. 경매로 아파트를 구입하는 적기는 부동산 가격이 크게 하락했을 때이며, 이때 경매 수단을 이용해서 좋은 아파트를 저렴하게 매입할 수 있다. 또는 자신이 잘 알고 있는 특정 지역을 노리고

있다가 부동산 가격 폭락 시 좋은 아파트(역세권 근처, A급 브랜드)를 저렴하게 매입하는 전략도 효과적이다. 특히 경매로 아파트를 매입할 때에는 권리 분석, 가치 분석을 통해 문제가 없는지를 잘 살펴야 하며 특히 선순위 세입자가 있는지 등을 확실히 알아봐야 한다. 선순위 세입자가 있으면 낙찰받은 사람이 전세금을 인수(물어줘야)하기 때문에 이를 고려하여 입찰가를 정해야 한다. 낙찰을 받으면 명도 후 일단 인테리어를 하자. 그리고 내가 살든지 전세를 주든지 그렇게 일정 기간 보유하다가 비과세 혜택 등을 따져보고 매도하면 된다.

일반 매매

아파트를 일반 매매로 구입하면 가장 쉽다. 문제는 가격이 비싸다는 점이다. 그렇기 때문에 발품을 팔아야 한다. 즉 여러 군데 돌아다니다 보면 입지나 교통편, 주거 환경이 비교적 괜찮은데 가격도 적당한 아파트가 있다. 아니면 특정 지역을 노리고 있다가 급매로 나오는 아파트를 매입하는 것도 좋은 방법이다.

Tip

아파트 선분양/후분양 논란 – 칼날의 양면!

'후분양 단지' 높은 분양가 논란…"기름 붓나?"

부동산 가치가 날로 상승하던 시기, 정부 규제를 피해 높은 분양가를 꾀했던 '후분양' 단지들이 비상 사태에 직면했다. 지난해부터 이어지고 있는 고금리 여파와 치솟는 분양가로 매수 심리가 위축되어 대규모 미분양 사태가 도래하면서다.

국토교통부에 따르면, 전국 미분양 주택(2022년 12월 기준)은 총 6만 8,107가구에 달한다. 전월(5만 8,027가구) 대비 17.4% 증가한 수치다. 악성 미분양인 '준공 후 미분양' 역시 7,518가구로 5.7% 늘어났다. 올해 1순위 청약을 실시한 아파트 총 11곳 중 무려 8곳이 청약 미달을 기록할 정도로 시장은 얼어붙었다. 결국 주택 공급자들은 분양 시기 조절에 돌입했다.

부동산114에 따르면, 2월 전국 분양 예정 물량은 1만 2,881가구(임대 포함) 수준이다. 이는 지난해 말 조사 당시 예상치(2만 5,620가구) 대비 확연히 감소한 수치다. 1월의 경우 전국 2만 1,989가구 물량이 출격할 것으로 예상됐지만, 실제 시장에 나온 물량은 1만 5가구에 그쳤다.

업계 관계자는 "정부의 대대적인 부동산 규제 완화에도 불구하고 미분양 물량은 더욱 증가할 것으로 전망된다."라며 "상황 악화 시 수요를 늘리기 위한 정부 추가 대책 마련도 필요하다."라고 설명했다.

이런 상황 속, 최근 수요자 외면을 피하지 못하고 있는 '후분양 단지'에 업계 시선이 쏠리고 있다. 후분양은 선분양과 달리 대부분 시공이 완료된 상태(공정률 80%)에서 분양을 진행하는 방식이다. 이로 인해 계약 미달 시 곧바로 '악성 미분양'에 직면할 수 있다는 점에서 현재 시장 침체기에 '기름 붓는다'라는 비판을 피하지 못하고 있다. 후분양 방식은 윤석열 정부 이전, 많은 인기를 끌었다. 당시 부동산 시장은 치솟는 집값과 저금리 기조가 이어지던 시기로 건설사들은 '고수익' 기대감에 보다 높은 분양가를 책정하는 후분양을 택했다.

주택도시보증공사(HUG) 분양 보증에서 제외돼 고분양가 심사도 필요 없다. 더군다나 분양가 상한제가 적용되더라도 분양 가격 산정에 반영되는 택지비, 공사비는 지속 상승하는 만큼 선분양 대비 높은 분양가를 받을 수 있다는 게 건설사들의 생각이다. 하지만 후분양 방식은 기대와 달리 불과 1년여 만에 부동산 시

장이 역행하면서 오히려 '역풍'을 피하지 못하고 있다. 지속적인 집값 상승이 전망됐던 만큼 '시세 차익'을 노리는 수요자들로부터 인기를 끌 것으로 예상됐지만, 정작 분양 시기에 시장이 냉각기에 돌입해서다.

업계에서는 후분양 단지 참패 이유로 고금리, 그리고 무엇보다 집값 하락 기조에 대비되는 높은 분양가를 꼽고 있다. 선분양보다 높은 가격이 책정되는 만큼 현재 부동산 상황에서 서민들은 망설일 수밖에 없다. 더군다나 치솟는 금리로 인한 이자를 감당하기는 더욱 어렵다. 뿐만 아니라 계약을 체결하더라도 짧은 시간 내에 만만치 않은 규모의 잔금을 마련해야 한다는 점도 부담이다. 결국 현재 후분양 단지 접근은 대부분 수요층인 '서민'이 아닌 '현금 부자'에 그칠 수밖에 없다는 지적이다.

업계 관계자는 "문 정부 당시에는 집값 상승 기조가 지속됐던 만큼 후분양으로 인한 리스크는 없을 것으로 판단한 시공사가 많았을 것"이라며 "현재 짧은 시간 내에 금액(잔금)을 마련해야 하는 부담 탓에 인기가 떨어졌다."라고 설명했다. 상황이 이렇자 연내 출격을 앞둔 후분양 단지들의 '청약 참패'도 불가피하다는 게 업계 시선이다.

업계 관계자는 "정부가 규제를 대규모 해제한 상황에서도 미계약이 지속된다면 침체 장기화는 불가피하다."라며 "특히 금융 마케팅(계약금 축소, 중도금 이자 후불제 등)을 이용해 미분양 가구를 줄이는 것이 가능한 선분양과 달리 후분양은 분양가 할인 외에는 방법이 없다."라고 덧붙였다. 그는 이어 "그럼에도 불구, 후분양은 그에 맞는 사업비를 회수해야 하는 만큼 시공사 입장에선 분양가 할인조차 쉽지 않다."라며 "이로 인해 '악성 미분양'이 속출한다면 자금 여력이 부족한 중소 건설사 부도 리스크도 가중될 수 있다."라고 우려했다.

또 다른 관계자는 "향후 모습을 드러내는 후분양 단지들은 분양가를 어떻게 책정하느냐가 흥행 성패를 좌우할 것"이라며 "결국 수요자가 외면하는 이유는 높은 분양가가 원인인 만큼 정부 대책을 비롯해 분양가 할인과 같은 건설사 자구 노력도 필요하다."라고 지적했다.

출처: 프라임경제, 선우영 기자, 2023.02.06.
(http://www.newsprime.co.kr/news/article/?no=592276)

(2) 상가

상가는 임대 수익용 투자 상품으로 매월 일정액의 월세를 받는 것이 일반적이다. 투자의 핵심 포인트는 상권 발달 정도가 제일 중요하며 바닥 권리금이 있더라도 1층에 투자하는 것이 유리하다. 상권은 상업상의 세력이 미치는 범위, 즉 상업상의 거래가 행해지고 있는 시간적 공간적 범위를 말하는데, 일반적으로 상권이 발달할수록 재화나 서비스를 제공할 수 있는 범위가 커진다. 상가는 크게 역세권 상가와 아파트 내 상가로 나뉜다. 그 이외에도 쇼핑센터, 백화점, 지하 상가 등 다양하다.

❶ 역세권 상가

최근 상업용 부동산의 임대 수익률이 상승함에 따라 상가에 대한 투자자들의 관심이 집중되고 있다.

한국부동산원에서 실시한 상업용 부동산 임대 동향 조사에 따르면 지난해 4분기 상업용 부동산의 소득 수익률은 지난해 3분기 대비 모두 오름세를 보

| 역세권 상가

였다. 특히 탄탄한 배후 수요와 역세권 인근에 유동 인구를 흡수할 수 있는 알짜 단지를 중심으로 투자 수요가 높게 나타났다.

역세권 상가 투자의 성공 요인은 첫째, 상권 형성에 달려 있다. 따라서 사람들을 많이 유인할 수 있는 업종이 많을수록 좋다. 인기 업종은 병원, 약국, 편의점, 프랜차이즈(베이커리, 커피, 미용), 전문 식당, 노래방, 바(bar), 호프 전문점 등이다. 또한 공공 기관 및 관공서 인근 상업 시설이 인기를 끌고 있다. 이들 주변은 생활 기반 시설이 잘 갖춰져 있고 구매력을 갖춘 종사자 수요도 많아 빠른 상권 활성화를 기대할 수 있다.

관공서는 이전의 우려가 적고 상주 인원 증가에 따라 주변 인프라가 빠르게 확충되어 상권 축소나 공실에 대한 부담을 최소화할 수 있다. 또한 유관 업체들도 유입되어 배후 수요 확장이 빨라 경제 활동이 활발히 이뤄지는 경향을 보인다. 간혹 관공서가 이전하는 경우가 있는데 이때는 복불복이다. 이전하면 주변 상권이 다 무너질 것 같지만 어느 정도 힘든 터널의 시간이 지나면 대형 복합물이 들어서 이전보다 더 큰 상권이 형성되기도 한다.

둘째, 유동 인구의 접근성이다. 구매력 있는 유동 인구를 흡수할 수 있는 대표적인 상가가 바로 역세권 상가다. 역세권 상가는 젊은층이나 직장인 등

역세권

역세권은 철도역과 그 주변 지역을 말한다. 역세권의 범위에 대해서는 구체적으로 정의되어 있지 않으나 보통 철도(지하철)를 중심으로 500m 반경(半徑) 내외의 지역을 의미한다. 대개 지하철역을 중심으로 상권이 형성되어 있는 바운더리(boundary)라고 이해하면 된다.

출처: 네이버 지식백과

구매력 높은 유동 인구를 얼마나 많이 유입하느냐가 관건이다. 그래서 교통의 접근성 및 편리성이 확보돼야 한다. 지하철역과 광역 버스 정류장은 필수이다. 역세권 상가는 무엇보다 유동 인구가 많고 접근성(교통편)이 좋은 곳이 절대적으로 유리하다. 특히 상권 형성이 잘된 곳은 임대료 및 매매 가격이 높게 형성되고 수익성도 좋다. 이러한 특징은 아파트나 주택 상권과 큰 차이가 있다.

결론적으로 역세권 상가는 상권 형성, 집객 시설, 위치, 업종, 접근성, 주변 환경, 배후 단지 등의 여건에 따라 큰 차이가 있어 투자 시 전문적 판단이 필요하다. 역세권 상가를 선택할 때는 건물 위치 또는 점포 위치(지하철 출입구와의 거리), 접근성, 입점 점포, 동선, 층, 고객이 머무는 장소, 다른 점포와의 호환 등을 고려해서 투자해야 한다.

주의할 점은 역세권 상가를 선분양으로 분양받을 때 아직 상권이 형성되지 않았음에도 불구하고 분양가는 상당히 높은데, 나중에 상권이 발달되지 않을 경우 큰 손실의 위험이 있다. 또는 역세권 상가를 임대하여 점포를 운영하려는 경우에도 투자금이 많이 들고 고정비도 많이 발생하며 경쟁도 치열하기 때문에 신중하게 선택할 필요가 있다. 따라서 역세권에 진입하려면 자본력뿐만 아니라 경영에 대한 경험이 있어야만 경쟁에서 살아남을 수 있다. 아니면 프랜차이즈 가맹점을 운영하는 것도 하나의 대안이 될 수 있다.

❷ 아파트 내 상가

반면, 아파트 내 상가는 역세권 상가와는 확연히 다르다. 아파트 내 상가는 주변에 거주하는 70% 정도가 이용 고객이므로 배후 단지의 가구 수와 독점성 여부가 중요하다. 또한 아파트 단지 내 인구 수, 소득 수준이 매출에 영향을 미치는 경우가 일반적이나 상권은 본인의 노력 여하에 따라 확장할 수 있다.

| 아파트 단지 앞 상가

상가 전용률(분양 면적 - 공용 면적 = 전용 면적)은 60% 정도로 낮은 편이다. 아파트 내 상가는 역세권 상가에 비해 안정적이고 소자본으로 투자할 수 있어 초보 투자자나 노후를 준비하는 은퇴자들에게 적합한 투자 상품이다. 수익은 은행 예금 이자보다 높고 또 부동산 경기가 좋으면 시세 차익도 노려볼 만하다. 그러나 아파트 내 상가는 상권 발달이 안 되면 최초 분양가보다도 시세가 낮게 형성되는 경우가 있다. 이유는 가치가 떨어지기 때문이다. 이럴 때는 절대적인 가격이 '싸다', '비싸다'로 판단하지 말고 가치(상권 형성 등)로 판단해야 한다. 그리고 아파트 내 상가는 업종이 제한적이다. 주로 생활 밀착형인 부동산 중개소, 미용실, 세탁소, 보습 학원, 식당, 커피, 인테리어, 슈퍼마켓, 의원 등이 대부분이다.

상가는 권리금이 형성되는데 1층의 경우 동일 업종과 관계없이 기본 권리금이 형성되며 2층부터는 동일 업종에 한해서 주로 형성되나 경기 상황에 따라 달라질 수 있다. 권리금에는 기존 고객, 영업상의 노하우, 점포 위치 등과 같은 무형의 가치뿐만 아니라 영업 시설이나 비품 같은 유형의 가치도 포함된다.

권리금이 적당한지를 알아보려면 객관적 근거를 확인해야 한다. 매출(부가세 신고 서류), 고객 수(전산 등록: 최근 구매 이력, 총 인원만 보면 안 됨), 시설, 집기 등을 살펴봐야 한다. 권리금은 새로 들어오는 임차인에게서만 받을 수 있고 건물 임대인에게는 받을 수 없는 것이 일반적이다.

🌱 수익형 상가 투자 포인트

1 입지 분석(지리적 위치, 교통 수단과 접근성, 주변 환경)

2 유동 인구(배후 단지 가구 수, 인구 수, 집객 시설(集客施設))

3 동선(사람이 움직이는 방향)

4 시세 파악(인근 지역 상가 2~3군데와 시세 비교)

5 현장 확인(반드시 3번 이상)

6 상권 분석(상권의 발달 정도 → 입점 업종, 공실 등 확인)

7 가구 수 대비 상가 면적 확인(수요와 공급 판단: 공실 등)

8 아파트 단지 규모(대형, 중형, 소형)

9 허가제 / 신고제 확인

10 경쟁 상권 확인

11 주차 시설(공간 확보, 진입로 등)

12 수익률 계산(뒷장에)

©www.hanol.co.kr

🌱 상권 분류

구 분	1차 상권	2차 상권	3차 상권
개별 점포	전체 점포 이용 고객의 50~70%를 흡수하는 지역 범위	1차 상권 외곽에 위치하며, 전체 점포 이용 고객의 20~25%를 포함하는 지역	2차 상권의 외곽을 둘러싼 지역의 범위, 즉 1, 2차 상권에 포함되지 않은 나머지 고객 흡수
공동 점포	상권 내 소비 수요의 30% 이상을 흡수하고 있는 지역	상권 내 소비 수요의 10% 이상을 흡수하고 있는 지역	상권 내 소비 수요의 5% 이상을 흡수하고 있는 지역

🌱 상권 분석

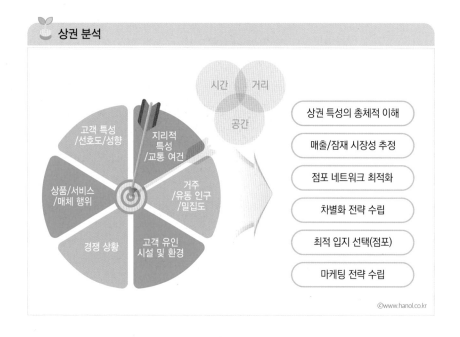

©www.hanol.co.kr

　상가 투자의 핵심은 수익률이다. 수익률을 계산할 때 취득세나 등록세, 전세권 설정 비용, 점포 개보수 비용을 감안하지 않는 경우가 많다. 수익률은 실제로 입점해서 운영을 해봐야 알 수 있지만 투자 시 이러한 비용이나 세금을 포함해서 계산해야 제대로 된 수익률 분석이 가능하다.

⑤ 수익률 계산

- 분양가 5억 − (보증금 1억 + 융자금 2억) = 실투자액(1)

- 융자금 2억 × 금리 8%/12개월 = 대출 이자(2) 1,333,333원

- 월세 300만-대출 이자 1,333,333원 = 월수입(3) 1,666,667원

- 월수입(3) 1,666,667/실투자액(1) 2억 × 100 = 수익율 1%(월)

- 1 − (양도 가격/매입 가격) × 100 = 수익률

Tip

근린 상가 투자 요령

근린 상가는 주거 지역 인근에 입지하며 주민의 생활 편익을 제공하는 상점이 몰려 있는 곳을 말한다. 즉 대부분 프랜차이즈나 편의점. 식당. 미장원 등과 같은 실생활에 필요한 업종들이다. 주로 수요가 많을 것으로 예상되는 도심의 역세권 이나 대학가, 아파트 단지 주변 등에 들어서기 때문에 미래 상권의 발달 정도를 예측하는 것이 무엇보다 중요하다.

특히 택지 개발 지구나 재건축 아파트 단지 주변 등 신규 상권을 선택할 때에 는 상권이 활성화될 때까지 시간이 필요하다. 미래의 상권이 어떻게 형성될 것인 가가 투자의 핵심이다. 집객 시설이라고 할 수 있는 유명 프랜차이즈, 스포츠 센 터나 학원, 패스트푸드점. 대형 마트 등의 입점이 확정된 근린 상가를 선택하는 것도 한 방법이다.

지역마다 편차가 있지만 일단 1층 상가라면 생필품과 같은 생활 밀착형 편의 시설이 유리 하다. 아파트가 배후지인 경우에는 1층보다 상 대적으로 분양가가 싼 2~3층은 학원이나 병 원이 유리하고, 역세권인 경우에는 젊은층이 이용할 수 있는 PC방이나 와인바 등을 염두에 두고 수요 분석을 하는 것도 전략이다.

 Tip

근린 상가 선분양 받을 때 "극히 주의"

근린 상가 선분양은 그야말로 고위험, 고수익(high risk, high return) 상품이다. 왜냐하면 아직 실체(상가)가 없기 때문에 확인하고 판단하는 데 한계가 있기 때문이다. 근린 상가의 경우 편법적인 선분양이 많다는 것이 문제다. 편법 선분양이란 관할 구청에 분양 승인을 받지 않고 가계약 형태로 분양하는 것을 말한다. 이 같은 선분양으로 소유권 문제가 발생한다면 법 테두리 내에서 구제받을 방안이 없으므로 반드시 체크해야 한다. 즉 권리 관계, 원활한 사업 진행 여부, 상가의 가치, 출입문, 역세권과의 거리, 접근성, 상권 형성 등 확인해야 할 것이 너무나 많다. 그러나 사업 초기이므로 실체가 없어 정확한 것은 확인할 길이 없다. 지하철역 주변에 신축 중인 근린 상가에 유명 업체 입점 예정 등의 플래카드를 걸어 놓는 경우가 있는데 이는 투자나 입점을 유도하기 위한 마케팅 전략일 수 있어 주의해야 한다. 따라서 근린 상가는 분양 받을 때 시행·시공 업체가 얼마나 견실한지 확인해야 한다.(재무 건전성 등) 선분양 후 부도가 날 경우 투자금을 회수하지 못하는 경우가 종종 있기 때문에 건물 골격이 올라가 윤곽이 드러나고 골조 공사가 완료된 상태에서 분양 받는 것이 안전하다.

근린 상가 선분양 받을 때 주의 사항

1. 상권 분석
2. 시행/시공사의 건전성
3. 시공 능력, 자금 능력, 권리 관계(공부상 확인)
4. 현장 확인(상권 분석)
5. 가치 분석(시세, 수익률 평가)

"지하철역에서 도보 5분(실제 10분) 거리, 최고의 입지"라고 광고했다면 과대 광고일까?

©www.hanol.co.kr

(3) 오피스텔

최근 1~2인 가구의 급격한 증가로 오피스텔(office hotel)에 대한 수요는 꾸준히 증가 추세이며 소자본으로 투자할 수 있어 투자 매력이 있다. 오피스텔은 매매나 전세도 가능하지만 주로 월세 수익형 상품이다. 오피스와 호텔을 합친 형태로 사무 공간이면서 거주도 할 수 있게 만든 주거용 원룸 (one-room)이 주류이며, 투룸(two room), 쓰리룸(three room) 구조도 있다.

| 오피스텔

오피스텔은 준주택에 속하며 세법, 공법 등 각종 법규별로 주택이 될 경우도 있고 업무 시설이 될 경우도 있다.(준주택: 주택 외의 건축물과 그 부속 토지로서 주거 시설로 이용 가능한 시설) 기본적으로 업무 시설이기 때문에 그에 따른 세금이 부과되나 세금은 공부(등기부등본)를 기준으로 판단하는 것이 아니라 실질을 기준으로 판단한다. 그렇기 때문에 오피스텔이 업무용으로 사용되었다면 업무 시설에 대한 세금이 적용되고, 주택용으로 사용되었다면 주택과 같은 세금이 적용된다.

❶ 소형 오피스텔

오피스텔 중에서도 전용 면적 50m^2 이하의 소형 오피스텔이 가장 많이 공급되고 있다. 이는 참여정부 때 오피스텔 규제책을 실시하면서 전용 면적 50m^2 이하 면적에만 바닥 난방을 허용하여 주로 1~2룸 형태로 공급되었다. 이러한 소형 오피스텔은 주로 생활이 편리한 중심 상업 지역에 공급되기 때문에 1~2인 가구 거주자가 많고 업무 용도로 사용하는 경우가 많다. 또한 소형 오피스텔은 1인 가구 대상 상품이기 때문에 대부분 풀옵션이다. 또한 주로

역세권에 위치하고 있어 거주하면서 소규모 사무실을 운영하거나 학교나 직장으로 출퇴근하려는 사람들이 선호한다. 그러나 소형 오피스텔은 분양 면적에서 공용 면적(복도, 엘리베이터 등)으로 빠지는 공간이 많아 전용률이 50% 정도로 상당히 낮다. 실제 사용할 수 있는 전용 면적이 작고 현재의 용적률이 높기 때문에 재건축을 기대하기 힘들다. 또한 월세 수익형 상품이기 때문에 시세 변동에 따른 투자 수익을 기대하기 어렵고, 오히려 감가상각으로 인해 가격이 떨어지는 경우도 있다.

일반적으로 전월세로 들어갈 경우 주소 이전이 불가능한 경우가 많다. 이는 업무용으로 분양받은 오피스텔 소유자가 일반 임대 사업자를 낼 경우 10년간 의무적으로 임대하는 조건으로 부가세를 환급(건물가액의 10%) 받는다. 그렇기 때문에 일반 임대 사업자는 업무용으로 적용되어 사무실이나 상가로만 사용해야 한다. 따라서 세입자가 전입 신고를 하게 되면 자동으로 주거용 오피스텔이 되어 부가세 납부 대상이 되므로 주의해야 한다. 만약에 주소 이전을 하지 않으면 세입자는 보증금을 보호받기 어렵다. 이렇듯 주소 이전은 주인과 세입자 모두에게 민감한 문제이므로 계약 전에 꼭 확인해야 한다.

오피스텔을 선택할 때에는 첫째, 두말할 필요 없이 입지가 제일 중요하다. 즉 역세권(도보 3~5분), 교통 접근성, 편의 시설, 주변 환경 등을 살펴야 한다. 둘째, 수요가 많은 지역에 있는 오피스텔을 선택하는 것이 좋다. 특히 직장인이나 대학생들이 선호하기 때문에 오피스 밀집 지역이나 대학가 등이 좋다. 셋째, 전용 면적을 비교한다. 같은 지역에 있더라도 전용률에 따라 가치가 다르다. 분양받거나 일반 매매로 구입할 때 반드시 전용률을 확인해야 한다. 대개 분양 면적의 49~51%이다. 그다음에는 환기/통풍은 잘 되는지, 관리비는 적당한지, 전기 요금 등의 정산 방식은 어떤지, 소음 방지는 잘 되는지, 1실 1주차는 가능한지, 일조권과 조망권, 방향, 화재 위험은 없는지 등을 살펴봐야 한다.

오피스텔을 거주용으로 사용하려면 업무용 사무실이 같은 층에 있는 경우 여러 사람이 자주 드나들므로 사생활에 방해될 소지가 있어 피하는 것이 좋다.

Tip

오피스텔 투자 포인트

최근 1~2인 가구의 급격한 증가로 오피스텔에 대한 수요는 꾸준히 증가 추세이며 소자본으로 투자할 수 있어 투자 매력이 있다.

❶ 특징
- 청약 자격 제한 없음
- 전매 제한 없음
- 1가구 2주택에 해당 안 됨(건축법상 주택이 아닌 업무용으로 분류)

❷ 투자 포인트
- 역세권(도보 3~5분): 교통 접근성, 편의 시설, 주변 환경
- 오피스 밀집 지역, 대학가
- 전용 면적 비교

❸ 전용율 50% 전후

❹ 기타
- 관리비: 대규모 단지 고정 비용 유리
- 주차비: 1대 무료
- 남향, 조용한 층(주거) 선택

🍎 전셋집 계약 시 주의 사항

1 부동산 중개업소 및 전셋집 방문 **전세금 시세, 입지 분석, 권리 분석**
(인터넷 사이트 이용)

2 계약 **등기부등본 확인, 임대인 및 계약자 신원 확인, 부동산 임대차계약서작성**
(소재지 및 동호수 정확히), 특약 사항 꼼꼼히 확인, 계약금 지급

3 잔금 지급 **등기부등본 재확인(계약 당시와 변동 사항 여부), 전셋집 하자**
여부 재확인 등

4 입주 **당일 전입 신고, 확정일자 받기(동호수 정확히 기입, 주민등록등본 열람,**
효력 발생)

특약
· 임대차보증보험(주인), 전세반환보증보험(세입자) → 가입 가능 여부
· 시세 < 대출 + 전세금 / 비용 부담(누가, 얼마나)

©www.hanol.co.kr

🍎 이럴 경우 전세를 들어가도 되나?

아파트 시세: 1억 원

⬇

근저당권 설정(2009년 1월 1일): 은행 대출 5천만 원

⬇

2009년 6월 20일 전세계약(전세금 7천만 원)

©www.hanol.co.kr

(4) 토지

토지는 일정한 범위에 걸친 지면에 정당한 이익이 있는 범위 내에서(사람이 지배할 수 있는 한도 내) 공중과 지하를 포함한다. 토지는 한 필지마다 소재지, 지번, 지목, 경계, 면적 등을 정하여 지적 공부(토지 대장, 지적도, 임야 대장, 임야도)에 등록하고 거래 단위로 사용하며 합필 또는 분필이 가능하다. 또한 그 특성에 따라 여러 항목으로 분류된다. 건축이 가능한 택지와 대지, 하나의 지번에 붙는 토지의 등록 단위인 필지, 어떤 토지를 통행하지 않고는 도로에 접근할 수 없는 맹지, 도시의 자연환경 보전과 공해 방지를 위하여 풀이나 나무를 일부러 심은 녹지, 농사짓는 데 쓰는 땅 농지 등으로 구분한다.

특히 토지는 미개발 상태이기 때문에 매입 후 어떤 변화를 주느냐에 따라 그 가치가 확연히 달라질 수 있어 매력적이다. 맹지(진입로가 없는 땅)는 인접 토지를 매입해서 진입로를 내는 방법, 못생긴 땅(길죽하거나 삼각형)은 인접 토지를 매입해 합필해서 정방형으로 바꾸는 방법, 움푹 파인 땅이나 돌밭을 매입해서 성토하는 방법, 형질 변경을 통한 개발 방법 등 주인이 주도적으로 변화를 줄 수 있다. 앞에서도 언급했듯이 변화의 크기는 곧 수익의 크기와 비례한다. 용도에 따른 구분과 토지 매입 시 고려 사항을 살펴보면 다음과 같다.

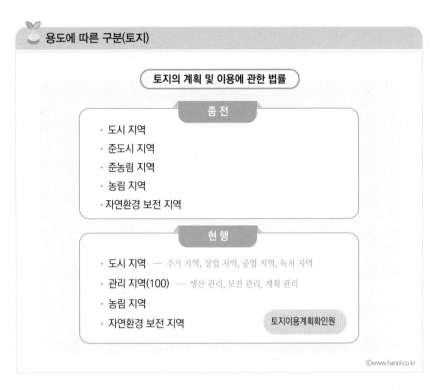

용도에 따른 구분(토지)

토지의 계획 및 이용에 관한 법률

종 전
- 도시 지역
- 준도시 지역
- 준농림 지역
- 농림 지역
- 자연환경 보전 지역

현 행
- 도시 지역 ― 주거 지역, 상업 지역, 공업 지역, 녹지 지역
- 관리 지역(100) ― 생산 관리, 보전 관리, 계획 관리
- 농림 지역
- 자연환경 보전 지역

토지이용계획확인원

ⓒwww.hanol.co.kr

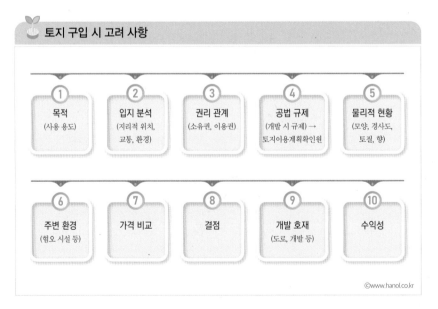

토지 구입 시 고려 사항

1 목적	2 입지 분석	3 권리 관계	4 공법 규제	5 물리적 현황
(사용 용도)	(지리적 위치, 교통, 환경)	(소유권, 이용권)	(개발 시 규제) → 토지이용계획확인원	(모양, 경사도, 토질, 향)

6 주변 환경	7 가격 비교	8 결점	9 개발 호재	10 수익성
(혐오 시설 등)			(도로, 개발 등)	

ⓒwww.hanol.co.kr

4 부동산 펀드

Tip

부동산 펀드

　자본 시장과 금융 투자업에 관한 법률에 의한 부동산 펀드란 펀드 재산의 50%를 초과하여 부동산 및 부동산 관련 자산에 투자하는 펀드를 말한다.

　부동산 펀드(real estate fund)는 부동산 외에 ① 부동산을 기초 자산으로 하는 파생 상품, ② 부동산 개발과 관련된 법인에 대한 대출, ③ 부동산의 개발, ④ 부동산의 관리 및 개량, ⑤ 부동산의 임대, ⑥ 부동산 관련 권리의 취득, ⑦ 부동산을 담보로 한 금전 채권의 취득, ⑧ 부동산과 관련된 증권 등으로 재산을 운용할 수 있다. 부동산 펀드는 운용 형태에 따라 임대형, 대출형, 개발형, 경·공매형으로 구분된다.

　부동산 펀드는 투자 신탁과 투자 회사 형태가 모두 가능하나 투자 회사의 경우 부동산투자회사법에 의한 부동산 투자 회사와 구분하기 위해 펀드 자산의 부동산에는 70% 이하로만 투자할 수 있다. 한편, 부동산투자회사법에 의한 부동산 투자 회사는 국토해양부 장관의 설립 인가를 받아 상법상 주식회사로 설립된 펀드로 통상 REITs(Real Estate Investment Trusts)로 불린다.

　REITs의 종류는 ① 자기 관리형 REITs, ② 위탁 관리형 REITs, ③ 기업 구조 조정 REITs의 3가지 종류로 나뉜다. 자본 시장과 금융 투자업에 관한 법률상의 부동산 펀드와 부동산투자회사법상의 REITs는 모두 환매가 불가능한 폐쇄형으로만 설정이 가능하므로, 수익자는 거래소를 통하여 투자 회사의 주식, 투자 신탁의 수익 증권 및 부동산 투자 회사의 주식을 매각하여 자금을 회수할 수 있다.

출처: 금융감독원, 금융감독용어사전(https://www.fss.or.kr)

⑤ 부동산 투자의 성공 전략

부동산은 안전성과 수익성이 모두 좋아 가장 인기 있는 전통적 투자 상품이다. 부동산은 산업화 시대부터 본격적으로 개발되기 시작하여 꾸준히 상승해 왔다. 유형별로는 아파트, 상가, 오피스텔 모두 상승과 하락을 반복했고 이중에서 아파트가 가격 탄력성이 가장 좋다. 토지는 대체로 기복 없이 꾸준히 상승하는 편이며 큰 호재를 만나면 급등하기도 한다. 특히 부동산은 변화 요인이 있을 때 크게 오르기 때문에 교통(지하철, 도로)이나 상업 및 복합 시설, 개발(develop) 등 호재가 있느냐 없느냐를 살펴야 한다. 변화의 크기가 바로 수익의 크기이다.

부동산 투자에 성공하기 위해서는 본인의 욕심보다는 부동산 시장의 전반적인 흐름을 파악하고 투자할 지역의 상황 분석을 통해 미래를 예측하여 기대 수익률을 추정해야 한다. 나아가 나중에 매도할 때 예상되는 수익에서 예상되는 비용과 세금을 공제한 후 실제 순이익을 계산해야 한다. 예를 들면, 지금 아파트 한 채를 보유하고 있는데 한 채를 더 매입했을 경우 1가구 2주택 중과세 대상이 될 수 있어 순이익이 크게 줄어들 수 있다. 이 점을 투자 계획 시 반드시 고려해야 한다.

부동산 투자에 장점이 많은 것은 분명한 사실이다. 그러나 투자를 결정할 때 좋은 장점만 생각하고 리스크를 고려하지 않는 경우 투자 후 문제가 생길

매입 가격 − 매도 가격 = 시세 차익 − 양도세 = 순이익

©www.hanol.co.kr

수 있다. 가령 상가 임대 수익에 매력을 느껴 무리한 대출을 받아 투자한다든지 조건이 나쁜 물건에 투자하여 취득 후에 공실 발생, 임차인의 임대료 체납, 부동산 가격의 하락, 금리 인상 등의 리스크가 다양한 형태로 나타날 수 있다.

성공적인 부동산 투자 전략은 다음과 같다.

첫째, 변화(개발) 가능성이 많은 지역에 투자하라. 변화의 크기가 곧 수익의 크기와 비례한다. 여기서 변화란, 토지 형질을 변경하거나 일상생활, 생산, 위락 등에 이용할 시설이나 건축물을 건설하는 개발 지역, 지하철이나 도로 등 접근성 및 편리성을 갖추는 것 등을 말한다. 지자체는 성장 잠재력이 있는 낙후 지역 또는 거점 지역 등을 종합적, 체계적으로 발전시키기 위해 대대적인 개발 계획을 수립, 시행한다.

둘째, 국가 경제 및 실물 경제 그리고 부동산 시장을 살펴야 한다. 즉 거시 경제와 미시 경제를 살피고 부동산 시장의 현재 상황을 분석하여 미래를 예측한다.

부동산 시장을 진단하고 예측할 수 있는 지표들은 다음과 같다. 먼저 소비자 물가 지수(CPI)가 높게 나타나면 인플레이션이 높아질 가능성이 있으며 임금, 이자율, 부동산 가격 등에 영향을 미친다. 또한 아파트 가격 변동률, 청약 경쟁률, 미분양 증감 현황, 입주 물량, 매매가 대비 전세가율, 거래량 및 거래 회전율 등 다양하다.

셋째, 부동산 투자는 정부의 부동산 정책에 따라 투자의 방향이 달라질 수 있어 정부의 정책을 검토하고 분석할 필요가 있다. 즉 주택의 수요와 공급을 알아야 한다. 지금까지 부동산 정책은 정권이 바뀔 때마다 정반대인 경우가 많았다. 사실 부동산 정책은 경기 상황에 따라 달라진다. 부동산 경기가 지나치게 과열되면 규제 정책으로 가격을 안정시키고 경기가 지나치게 침체되면 활성화 정책으로 경기를 부양시킨다.

정부에서 아파트 공급을 늘리겠다고 발표하면 부동산 시장은 바로 반응하지만 일시적 현상일 가능성이 높다. 왜냐하면 아파트는 1~2달 만에 지을 수 있는 것이 아니라 입주까지 3년 정도의 시간이 걸리기 때문에 투자 시 이를 고려해야 한다. 그러나 이러한 정부의 시장 개입은 단기적인 효과는 있지만 장기적으로는 풍선 효과(balloon effect)와 같은 부정적 결과를 가져올 수 있다. 그렇기 때문에 장기적인 측면에서 부동산 시장을 안정화시키는 가장 좋은 방법은 시장 자율에 맡기는 것이 최상책이다.

넷째, 3고 현상(고유가, 고금리, 고원자재가)은 부동산 시장에 직접적인 영향을 미친다. 부동산 시장에 가장 직접적이면서 강력한 위협 요인이다. 그렇기 때문에 3고 시대에는 기존처럼 단순히 현존 가치로 사서 되파는 투자 방식으로는

풍선 효과

어떤 부분에서 문제를 해결하면 또 다른 부분에서 새로운 문제가 발생하는 현상을 가리키는 말이다. 풍선의 한쪽을 누르면 다른 쪽이 불룩 튀어나오는 것처럼 어떤 부분의 문제를 해결하면 다른 부분에서 문제가 다시 발생하는 현상이다. 즉 사회적으로 문제가 되는 특정 사안을 규제 등의 조치를 통해 억압하거나 금지하면 규제 조치가 통하지 않는 또 다른 경로로 우회하여 유사한 문제를 일으키는 사회적 현상을 의미한다.

풍선 효과(balloon effect)의 사례로는 성매매 문제 해결을 위해 집창촌을 단속하자 주택가로 옮겨가 은밀한 성매매가 이루어진 일, 가짜 석유의 주원료인 용제의 불법 유통 차단을 위해 단속에 나서자 가짜 휘발유 거래는 줄었지만 정량 미달 판매와 등유를 혼합해 만든 가짜 경유의 판매가 늘어난 일, 금융 당국의 가계 대출 규제로 인해 은행권이 가계 대출을 줄이자 서민들이 고금리를 떠안으면서도 제2 금융권으로 몰려 대출을 받는 일 등을 꼽을 수 있다.

출처: 두산백과(http://www.doopedia.co.kr)

큰 차익을 남기기 어렵다. 부동산을 가공(변화)해서 고부가 가치를 창출해야 수익이 크다. 예를 들자면, 도심지 노후화된 건물을 시세보다 싼값에 매입해 리모델링 후 우량 임차인을 유치하고 임대료를 올려 건물의 가치를 상승시키는 것이다. 그러나 3고 시대에는 레버리지(leverage) 효과를 기대하고 무리하게 대출을 받아 부동산에 투자하는 것은 지양해야 한다. 오히려 향후 대출 이자가 오를 것에 대비해 자기 자본 비율을 늘려야 한다.

다섯째, 부동산 투자 시 자금 출처에 신경을 써야 한다. 그렇지 않으면 세무 조사(소명 자료 요구)를 받거나 증여세 등 세금을 추징당할 수 있다. 특히 소득이 없는 미성년자, 배우자 등의 명의로 소유권 이전 등기를 하는 경우 증여세 문제를 신중하게 검토해야 한다. 이런 경우 직업, 연령, 소득 및 재산 상태 등으로 보아 해당 부동산을 자신의 능력으로 취득했다고 보기 어렵다. 따라서 부동산 투자 계획을 세울 때 자금 출처에 대한 객관적 증빙 자료를 준비해야 한다.(은행 거래 내역○, 공증○/현금 영수증X, 특수 관계인 근저당 설정X)

토지의 투자와 투기 비교

구 분	투기	투자
취득 목적	토지 이용 의사 없음	이용, 보유
대상	보통 미성숙지 대상	비교적 성숙된 지역
안정성	위험 부담 내포	합리성과 안정성
정책	규제	조장
기간	단기간 보유 후 양도	장기 보유
가격	투기 가격-유동적	시장 가격
생산성	비생산 활동	생산 활동(이용)
거리	거주지에서 멀다	가깝다

여섯째, 자신의 경제적 여건을 살펴 장기적 관점에서 투자해야 한다. 일반적으로 부동산은 단기보다는 장기간 보유하고 있을 때 수익이 커진다. 세제 혜택도 마찬가지다.

일곱째, 투자 심리도 크게 작용한다. 즉 마인드 컨트롤(mind control)이 중요하다. 자기 스스로 자신의 마음을 조절, 통제할 줄 알아야 한다. 그리고 객관적인 근거(정보, 자료)를 확보하여 합리적인 판단을 하는 것이 중요하다. 마인드 컨트롤과 투자 덕목은 제1장에서 다루었다.

성공 예감   재테크 투자

CHAPTER

05

가상 화폐

CHAPTER 05 가상 화폐

① 가상 화폐란

기본적으로 모든 통화는 발행 주체가 있어 화폐로 통용되기 위해서는 가치와 지급을 보장받아야 한다. 즉 각국의 화폐는 중앙은행에서 발행해 운영하며 이용자들은 이들이 구축한 지급 결제 인프라를 통해 수직적인 거래 관계를 맺는다.(통용 화폐) 반면, 가상 화폐는 블록체인 기반으로 개발된 화폐이다. 즉 실제 시장에서 사용되는 실물 화폐가 아니라 가상 공간에서만 사용할 수 있

| 가상 화폐

는, 물리적 형태가 존재하지 않는 온라인 화폐다.

가상 화폐의 대표 주자인 비트코인은 블록체인(block chain) 기술로 개발된(중앙 집중적인 통제 배제) 화폐 시스템이다. 비트코인은 서버·클라이언트 방식 대신 이용자들끼리 수평적으로 상호 연결되는 P2P 분권화된 구조로 설계되었다. 비트코인의 발행 및 거래 내역은 중앙 서버가 아니라 이용자들의 컴퓨터가 구성하는 네트워크에 존재하는 것이다. 블록체인이나 비트코인이 우리에게 알려진 것은 그리 오래되지 않았다. 그러나 가상 화폐 중에서는 비트코인이

역사도 가장 오래되었고 시가 총액도 크며 신뢰도도 높다. 특히 AI(인공 지능)와 더불어 블록체인은 4차 산업 혁명을 이해하는 데 아주 중요한 개념이다. 어쨌든 정부가 발행하는 화폐는 각국의 중앙은행에서 독점적으로 발행하여 관리하지만 가상 화폐는 거래 당사자들이 주체가 되기 때문에 정부가 보증하지 않는다는 점에서 큰 차이를 보인다.

 Tip

비트코인

2008년 사토시가 가상 화폐로 시작한 비트코인(Bitcoin)은 가상 화폐의 대장주가 되어 가상 자산으로서 역할을 하고 있다. 불과 15년이 지난 2022년에는 1만 개 이상의 가상 화폐 토큰이 전 세계에 태동했다. 코인은 발행 과정에서부터 중앙 기관을 필요로 하지 않는다. 많은 시간과 컴퓨터의 프로세싱 능력을 요하는 복잡한 수학 문제를 풀면 새로운 비트코인이 생성되어 가질 수 있는데, 이를 마이닝(mining)이라고 한다.

향후 100년간 발행되는 비트코인의 숫자는 전체 2,100만 개로 제한되어 있으며, 4년마다 통화 공급량이 줄어들어 2140년에 통화량 증가가 멈추게 되어 있다. 이는 임의로 통화량 조절을 하지 못한 장치로 비트코인의 중요한 특징이기도 하다.

비트코인은 분산 네트워크형 가상 화폐로 중앙 집중형 금융 시스템의 대안으로 주목받고 있다. 이용자끼리 직접 연결되어 거래 비용이 발생하지 않고 쉽게 계정을 만들 수 있기 때문에 송금이나 소액 결제에 유용하다. 화폐 가치가 불안할 때는 오히려 신뢰할 수 있는 지급 수단이 될 수도 있다. 해킹, 도덕적 해이, 불법 거래 이용 등 문제점을 보이기도 하지만, 효용성과 가능성을 인정받아 활발한 투자와 기술 진보가 이뤄지고 있다.

출처: 나무위키

(https://namu.wiki/w/%EB%B9%84%ED%8A%B8%EC%BD%94%EC%9D%B8)

② 블록체인의 구조

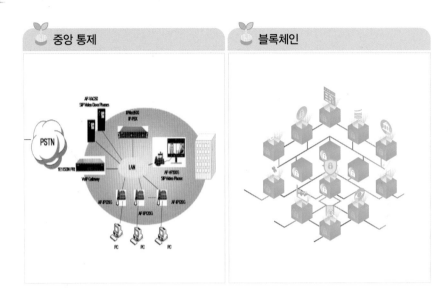

중앙 통제

블록체인

블록체인은 크게 2가지로 분류할 수 있다.

첫째, 비트코인, 이더리움, 이오스와 같이 모두에게 개방돼 누구나 참여할 수 있는 형태로 운영되는 퍼블릭 블록체인(public blockchain)이 있다. 둘째, 기관이나 기업이 운영하며 사전에 허가를 받은 사람만 사용할 수 있는 하이퍼렛저와 같은 프라이빗 블록체인(private blockchain)이 있다. 퍼블릭에 비해 프라이빗이 참여자 수가 제한돼 있어 상대적으로 속도가 빠르다. 퍼블릭 블록체인 중에서도 비트코인, 이더리움, 이오스 같은 경우는 모든 거래와 주소를 볼 수 있지만, 모네로, 제트캐시와 같은 다크코인들은 거래가 공개되어는 있지만 어떤 주소인지, 어떤 거래인지 알 수 없다. 이렇듯 다양한 형태의 블록체인, 암호 화폐가 있다.

가상 화폐는 주식과 마찬가지로 가격이 상승했을 때 수익을 낼 수 있는 구조이다. 가치가 있으면 가격이 상승하고 가치가 없으면 가격이 하락한다. 그

러나 가상 화폐의 경우 인위적인 시세 조작으로 인해 옥석을 가리기가 쉽
지 않다. 비트코인을 얻는 방법은 단순하지만, 반감기를 거쳐 거래량이 줄기
때문에 앞으로 2,100만 코인이 생성되면 채굴은 멈추게 된다. 어찌 됐든 가
상 화폐의 대표 주자인 비트코인 운영 기반인 블록체인은 그렇게 간단하지
않다.

블록체인

　나카모토 사토시가 2007년 글로벌 금융 위기 사태를 통해 중앙 집권화된 금
융 시스템의 위험성을 인지하고 개인 간 거래가 가능한 블록체인(block chain) 기
술을 고안했다. 이후 2009년 사토시는 블록체인 기술을 적용해 암호 화폐인 비
트코인을 개발했다.

　블록체인은 블록에 데이터를 담아 체인 형태로 연결하고 수많은 컴퓨터에 동
시에 이를 복제해 저장하는 분산형 데이터 저장 기술이다. 공공 거래 장부라고도
부른다. 중앙 집중형 서버에 거래 기록을 보관하지 않고 거래에 참여하는 모든
사용자에게 거래 내역을 보내주며, 거래 때마다 모든 거래 참여자들이 정보를 공
유하고 이를 대조해 데이터 위조나 변조를 할 수 없도록 돼 있다. 누구나 열람할
수 있는 장부에 거래 내역을 투명하게 기록하고, 여러 대의 컴퓨터에 이를 복제
해 저장하는 분산형 데이터 저장 기술이다. 여러 대의 컴퓨터가 기록을 검증하여
해킹을 막는다.

출처: (https://namu.wiki/w/%EB%B9%84%ED%8A%B8%EC%BD%94%EC%9D%B8)

3 가상 화폐의 특징

가상 화폐의 특징은 다음과 같다.

첫째, 탈중앙화(decentralization)이다. 즉, 기존 화폐 시장은 국가의 중앙은행이 통제하지만, 가상 화폐 시장에서는 국가의 통제를 받지 않는다. 따라서 가상 화폐 시장에서는 개인 간(P2P) 거래가 활발하다.

퍼블릭 블록체인의 특징

퍼블릭 블록체인(public blockchain) 네트워크에 참여하는 개별 컴퓨터를 노드(node)라고 부르는데, 각 노드들은 블록체인에 저장된 데이터를 복사하여 저장하고, 해시 연산을 통해 새로운 블록의 생성에 참여할 수 있다. 또한 각 노드들은 언제든지 자신의 컴퓨터를 블록체인 네트워크에 연결하지 않고 접속을 차단함으로써 자유롭게 탈퇴할 수 있다. 블록체인 네트워크에 참여 또는 탈퇴하는 것은 권위 있는 조직의 승인이 필요 없이 전적으로 해당 노드 참여자의 자유로운 의사에 따라 결정할 수 있다.

출처: (https://namu.wiki/w/%EB%B9%84%ED%8A%B8%EC%BD%94%EC%9D%B8)

둘째, 투명성(transparency)이다. 중앙 집중형 서버에 거래 기록을 보관하지 않고 거래에 참여하는 모든 사용자에게 거래 내역을 보내주며, 거래 때마다 모든 거래 참여자들이 정보를 공유하는(거래 장부, public distributed ledgers) 방식으로 데이터 위조나 변조를 할 수 없도록 설계되었다.

셋째, 익명성 (anonymity)이다. 가상 화폐는 모든 거래가 익명으로 진행된다. 즉 거래 정보가 기록되지 않는다. 그러나 아직까지는 익명성이 완전히 보장된다고 보기 어려워 범죄 등에 악용될 소지가 있다. 가장 우려되는 지점이다.

④ 통용 화폐의 기능

현재 시장에서 사용되고 있는 통용 화폐의 기능과 역할은 다음과 같다.

🌱 통용 화폐

(1) 교환의 매개 수단

화폐는 거래를 용이하게 하는 교환의 매개 수단이다. 즉 화폐를 상품이나 서비스로 교환하는 것이다. 고객이 스마트폰이 필요하면 돈을 주고 스마트폰을 사는 식이다. 비트코인의 경우 아직은 교환의 매개가 원활하지 못한 부분도 있지만 그 기능이 빠르게 확대되고 있다. 국내에서도 편의점과 커피 전문점, 서점, 영화관 등에서 가상 화폐(비트코인)를 쓸 수 있다.

(2) 가치의 척도

화폐는 다른 재화나 서비스의 경제적 가치를 측정하는 역할을 한다. 상품의 가치를 화폐로 나타내는 것으로 물건에 매겨지는 가격이다. 우리는 상품의 가격을 보면 그 상품의 가치를 금방 알 수 있다. 희소성이 있는 귀한 상품일수록 가격이 비싸고 어디에서나 쉽게 구할 수 있는 흔한 상품은 가치가 떨어지기 때문에 싸다. 그러나 가상 화폐의 경우 투기적인 요소(시세 조작 등)가 너무 강해 가치에 비해 가격이 터무니없이 높다.

(3) 가치의 저장 수단

화폐는 구매력을 미래의 시점까지 저장하는 역할을 한다. 즉 돈을 가지고 있다는 것 자체가 재산이며 그 돈은 언제든지 상품을 살 수 있는 구매력을 의미한다. 돈을 저금하는 것은 이러한 가치를 저장하는 것과 같다. 오늘 천 원으로 살 수 있던 것을 내일도 같은 천 원으로 살 수 있다는 점에서 돈은 가치의 저장 수단이다. 지금의 천 원이 1년 후, 10년 후에는 어느 정도의 가치를 가질지는 모르지만 일반적으로 돈은 가치의 저장 수단으로 인식한다. 비트코인은 변동성이 크기 때문에 안정적인 가치 저장이 어렵다. 그럼에도 불구하고 가치의 저장 수단으로 생각하는 사람들이 많아지고 있다.

⑤ 가상 화폐의 기능

　인공 지능이나 사물 인터넷 등의 첨단 기술이 사회 전반에 녹아들어 혁신적인 변화를 가져올 4차 산업 혁명 시대, 블록체인과 가상 화폐가 그 중심에 있다. 가상 화폐는 화폐에 대한 정부의 정책에 따라 크게 달라질 수 있다.(수용 여부) 그와는 별개로 가상 화폐 자체만 놓고 보더라도 아직 화폐로 통용되기에는 여러 가지 논란의 소지가 많다. 그렇지만 가상 화폐는 미래의 화폐 또는 금융 시장에서 중요한 역할을 할 가능성이 상당히 높아지고 있다. 현실적으로 비트코인이 화폐인지 아닌지 이론적으로 증명하는 것은 무의미할 수 있다. 지금처럼 시장의 수요가 계속 증가한다면 정부도 선택의 기로에 설 수밖에 없다.

가상 화폐의 가격 추이

가상 화폐의 기능을 살펴보면 다음과 같다.

(1) 지불 수단

거래의 최종 결재 수단으로서 역할을 한다. 그러나 소비자 입장에서는 가상 화폐 결제가 가능한 코인인지 등을 확인해야 하는 등 아직은 제약이 많아 불편하다. 최근에는 전자 상거래 업체나 온라인 콘텐츠 제공 업체가 이용자에게 마일리지 형태로 제공하기도 한다. 포인트나 상품권, 사이버 머니의 경우에도 발행 및 운영 주체인 기업이 존재하며 일반적으로 이들의 서비스 내에서만 통용된다. 카카오페이, 삼성페이 등이 그 예이다.

(2) 유동성 조절 역할

화폐로서의 가치가 있기 때문에 시장의 유동성 조절 역할을 한다. 정부는 경제를 살리기 위해 금리를 낮추어 시장에 유동성 공급을 늘리는데 이는 인플레이션을 유발할 수 있다. 가상 화폐는 이를 조절한다. 즉 가상 화폐 시장으로 자금이 유입된다는 의미이다.

(3) 개인의 재산 보호

탈중앙화로 개인의 재산을 보호할 수 있다. 정부의 통제를 피할 수 있는 가상 화폐를 이용해서 개인의 재산을 쉽고 빠르게 이체할 수 있다. 비트코인은 처음부터 통화량이 정해져 있고 단일 운영 주체에 의존하고 있지 않기 때문에 화폐 가치가 불안할 때는 오히려 신뢰할 수 있는 지급 수단이 될 수 있다. 예를 들면, 국제 정세 또는 경제 상황이 불안한 지역에서는 중앙은행이 발행한 화폐의 대안으로 비트코인이 주목받고 있다. 이는 글로벌 금융 위기 이후 중앙은행이나 국가가 보장해 주는 신용이 절대적이지 않다는 것을 방증하는 것이다.

성공 예감 재테크 투자

재정 위기를 겪은 그리스나 스페인, 키프로스 등에서는 은행의 대규모 예금 인출 사태(bank run)가 일어났으며 경제 침체 때 양적 완화를 실시한 미국, 유럽 등에서도 화폐 가치가 시장의 가치와 상관없이 요동쳤다. 실제로 구제금융을 받으며 예금에 과세를 단행한 키프로스에서는 자금이 대거 비트코인으로 몰렸으며 그리스나 아르헨티나에서도 큰 관심을 끌었다. 아이슬란드에서는 경제 위기로 외환 거래가 금지되자 비트코인과 유사한 가상 화폐인 오로라코인(auroracoin)이 개발되기도 했다.(출처: 네이버 지식백과, https://doninfo.tistory.com/503)

 Tip

미래의 블록체인 활용 분야는?

블록체인에 저장하는 정보는 다양하기 때문에 블록체인을 활용할 수 있는 분야도 매우 광범위하다. 대표적으로 가상 통화에 사용되는데, 이때는 블록에 금전 거래 내역을 저장해 거래에 참여하는 모든 사용자에게 거래 내역을 보내주며 거래 때마다 이를 대조해 데이터 위조를 막는 방식을 사용한다. 이 밖에도 전자 결제나 디지털 인증뿐만 아니라 화물 추적 시스템, P2P 대출, 원산지부터 유통까지 전 과정을 추적하거나 예술품의 진품 감정, 위조 화폐 방지, 전자 투표, 전자 시민권 발급, 차량 공유, 부동산 등기부, 병원 간 공유되는 의료 기록 관리 등 신뢰성이 요구되는 다양한 분야에 활용할 수 있다.

출처: (https://namu.wiki/w/%EB%B9%84%ED%8A%B8%EC%BD%94%EC%9D%B8)

182

⑥ 가상 화폐 거래소

가상 화폐 거래소란 가상 화폐를 거래할 수 있는 시장을 말한다. 즉 가상 화폐 거래 플랫폼이다. 간략히 거래소라고 부른다. 국내의 대표적인 가상 화폐 거래소는 다섯 곳이다. 2021년 정부의 규제로 업비트, 빗썸, 코인원, 코빗만 원화 거래가 가능한 거래소로 선정되었고, 나머지 25개 거래소는 코인만 가능하고 37개 거래소는 폐지되었다. 따라서 우량한

| 가상 화폐 거래소

거래소로 쏠림 현상이 뚜렷하다. 거래소에 따라 거래 가격도 다르기 때문에 가상 화폐 시장에서는 거래소 선택이 그만큼 중요하다.

현재 국내 가상 화폐 거래소의 매출에서 절대적인 비중을 차지하는 것이 투자자들의 거래 수수료이다. 가상 화폐 거래소는 가상 화폐와 통용 화폐를 환전해주는 거래소이다. 즉 달러나 엔화를 환전해주는 외환 거래소이다. 해외에서는 암호 화폐 시장(cryptocurrency market)으로 부르기도 한다.

우리나라에서는 아직 관련 법률이 제정되지 않아 명확한 규제 없이 운영되고 있다. 이러한 상황은 대다수의 외국 거래소들도 마찬가지이다. 즉 각 기관별 기능이나 역할, 권한과 책임이 명확하지 않다. 그렇기 때문에 거래소에서 권한 아닌 권한을 남용하고 있어 문제가 생기는 측면이 있다.

가상 화폐 거래소를 은행이나 증권사로 착각하고 거액을 장기간 넣어놓는 사람들도 있는데, 가상 화폐 거래소는 은행이나 증권사가 아니라 외환 거래소에 가깝다. 특히 시중 은행과 달리 신용도가 낮은 거래소이다. 대부분의 가상 화폐 거래소는 고객의 투자 자산과 예수금을 보호할 수단이 증권사보다 훨씬 부실하다.

최근에는 가상 화폐 거래소도 은행과 유사한 서비스를 시작했다. 즉 암호 화폐 담보 대출과 암호 화폐 정기 대여(예금) 서비스에 금리의 개념이 적용되는 등 앞으로 가상 화폐 거래소도 큰 변화를 예고하고 있다. 게다가 정부에서도 가상 화폐 법제화에 박차를 가하고 있어 귀추가 주목된다.

가상 화폐 상장

현재 우리나라는 가상 화폐 상장(ICO, Initial coin offering)에 대한 정부의 법규와 제도가 없어 민간 가상 화폐 거래소가 100% 자율로 결정한다. 즉 코인을 발행하는 기업이 거래소에 상장을 신청하면 민간 거래소가 상장 여부를 결정한다.

가상 화폐 상장(ICO)은 기업이 자금 조달의 목적으로 가상 자산을 발행하여 거래소를 통해 공개하는 것이다. 이 과정에서 발행 기관, 브로커, 거래소가 작당해서 기준 미달인 기업을 상장시키고 펌핑(pumping, 시세 조작)을 통해 가격을 폭등시키는 사례가 있어 극히 주의해야 한다.

일반적으로 ICO는 기업이 투자자를 대상으로 증권사를 통해 주식을 상장하는 IPO(주식 상장)와 유사하다. IPO를 통해 투자자들이 청약금을 납입하고 주식을 수령하는 것과 같이 ICO에서는 가상 자산인 토큰을 부여받는다. 만약에 ICO의 발행 기업이 목표로 한 자금을 조달하지 못하면 청약금은 투자자에게 반환되며 ICO는 실패한 것이다. 성공적으로 가상 화폐 거래소에 상장되면 이후 투자자들은 해당 가상 화폐를 자유롭게 사고팔아 시세 차익을 얻을 수 있다.

가상 화폐 상장(ICO)의 형식은 다양하다. 가상 화폐를 받고 수익을 배분하거나 권리 배당을 부여하는 방식인 '증권형', 플랫폼에서 신규 가상 화폐를 발행하는 '코인형' 등이 있다. ICO 외에도 거래소 상장(IEO), 보상형 상장(IBO), 증권형 토큰 상장(STO) 등이 있다. 이러한 상장 방식은 가상 화폐 기업이 공개적으로 투자자를 모으는 가상 화폐 상장(ICO)과 비슷하지만 의미가 조금씩 다르다. IEO(initial exchange offering)는 가상 화폐를 개발한 기업이 자체적으로 진행하던 ICO를 거래소에서 대행하는 것이다. 거래소가 해당 가상 화폐의 신뢰성을 어느 정도 담보한다는 것이 ICO와 다르다. 그러나 역기능도 있다. 생태계 조성에 기여한 사람에게 가상 화폐를 주는 IBO(initial bounty offering)도 있다. 즉 사용자 등록과 검증, 소셜네트워크 서비스(SNS) 활동, 백서 번역 등을 통해 코인을 얻을 수 있다. STO(security token offering)는 회사 자산을 기반으로 주식처럼 가상 화폐를 발행하는 것을 말한다. 가상 화폐를 보유한 이들은 실제 주주처럼 권리를 행사할 수 있다. STO는 미국 증권거래위원회(SEC)의 인정 아래 미국에서 활발하게 진행되고 있다. 미국의 우버(uber), 에어비앤비(airb&b)도 STO 형태의 가상 화폐 발행을 검토 중인 것으로 알려졌다.

가상 화폐를 상장할 때 투자금을 현금이 아니라 비트코인이나 이더리움

등의 가상 화폐로 받기 때문에 국경에 상관없이 전 세계 누구나 투자할 수 있다. 또한 가상 화폐 상장에 성공하고 거래가 활성화될 경우 높은 투자 실적을 기대할 수 있는 반면, 투자 리스크가 매우 큰 상품이라는 속성도 갖고 있다. 그야말로 고고위험, 고고수익 상품이다.

가상 화폐 상장이 기업 공개(주식상장)와 다른 점은 공개 주간사가 존재하지 않고 사업 주체가 직접 판매한다는 점이다. 또한 감독 기관도 없고 누구라도 가상 화폐 상장을 통해 자금을 조달할 수 있다. 따라서 IPO처럼 명확한 상장 기준이나 규정이 없기 때문에 사업자 중심으로 ICO 규정을 만들 수 있어 상당히 자유롭게 자금을 모집할 수 있다. 그러나 자금을 모집한 뒤 모습을 감추는 등의 사기 사건이 벌어지는 사례도 세계 각국에서 빈번하게 벌어지고 있다.

⑦ 가상 화폐의 현주소

가상 화폐 시장은 미국에서는 합법, 중국에서는 불법, 한국에서는 무법이다. 즉 우리나라는 법과 제도가 아직 마련되지 않아 이를 악용하여 일확천금을 노리는 사람들이 많아 선의의 피해자들이 늘어나고 있다.(일정 부분은 투자자 책임) 특히 가상 화폐 시장에서는 검증이 안 된 알트코인(일명 잡코인)이 무분별하게 상장되고 있다. 우리나라에는 가상 화폐 투자자 보호를 위한 공시 규정과 제도가 전혀 없다. 그렇기 때문에 코인을 발행하는 기업이 허위로 가상 화폐를 발행해도 처벌하기가 어렵다. 비록 가상 화폐는 블록체인 기술을 이용한 첨단 금융이지만 사기꾼들이 이를 악용하여 상장을 남발하고 시세 조작을 하는 등 시장을 교란시키고 있다. 그럼에도 불구하고 가상 화폐는 투명성, 휴대성, 위조와 변조 불가능의 장점이 있고, 화재나 재해로 소멸되지 않으며 가치를 쪼개서 쓸 수 있고 이용이 편리하다. 이러한 특징을 지닌 가상 화폐는 모든 정보를 실시간으로 파악할 수 있고 액수와 상관없이 개인은 스마트폰 및 USB 등의 간단한 기기를 통해 어디든지 휴대할 수 있다.

재테크 관점에서 살펴보면 가상 화폐는 미래의 가장 주목받는 투자 수단이다. 블록체인 기술을 이용하여 P2P 환경에서 이루어지므로 거래 속도가 기존 화폐 거래보다 월등하게 빠르고 개인의 세금을 징수하는 관리자가 없기 때문에 더 높은 수익을 창출할 수 있는 기회로 작용한다. 예를 들면, 가상 화폐는 제3자를 배제하고 구매자와 판매자가 직접 결제하는 방식이기 때문에 거래 비용이 거의 발생하지 않고 누구나 쉽게 계정을 생성할 수 있어 해외 송금이나 소액 결제와 같은 거래에 매우 유용하게 사용할 수 있다. 반면, 가상 화폐의 가장 큰 단점은 불확실성과 위험이다. 지금도 시장에서 많은 가상 화폐가 창출되거나 사라지고 일부 세력들은 이를 악용하여 시세를 조작하기도 한다. 이런 일이 발생해도 가상 화폐 시장을 관리하는 책임 주체가 없기 때문에 투자자들은 법적 보호를 받을 수 없다.

우리나라의 경우 가상 화폐는 화폐의 순기능보다는 시세 차익을 노리는 투기의 대상으로 인식하는 경향이 강하다. 예를들면, 비트코인(bitcoin)으로 대표되는 가상 화폐는 거래 당사자들이 주체가 되기 때문에 거래하는 사람이 늘어나면 수요와 공급의 법칙에 따라 그 가치 역시 상승한다. 다른 코인도 원리는 비슷하지만 투자 위험성은 전혀 다르다. 혼탁한 가상 화폐 시장에서 옥석을 가리는 것은 온전히 투자자의 몫이다.

또한 가상 화폐는 통용이 어렵다는 문제점을 지니고 있다. 현재 시장에서 사용되는 통용 화폐 이외의 화폐는 대부분의 국가에서 인정하지 않는다. 일부 가상 화폐가 제한적으로 유통되고 있을 뿐이다. 각국의 화폐는 그 나라의 중앙은행에서 발행하고 있는 반면, 가상 화폐는 모두가 발행 주체인 기업에 의해 발행되고 그들의 서비스 관리 범위 안에서만 이용할 수 있다. 이런 점 때문에 비트코인도 투자 수단이 아니라 대안 화폐로 이용하려고 할 때 가장

불안한 부분이 바로 가격 변동성이다.

　가상 화폐 시장의 최대 리스크는 거래소 리스크라고 해도 과언이 아닐 만큼 거래소 선택은 중요하다. 현실적으로 거래소에 많은 권한이 집중돼 있으며 내부 운영자들의 도덕적 해이도 문제가 되고 있다. 세계 최대의 비트코인 거래소 마운트곡스(Mt. Gox)에서 비트코인이 부당 인출되어 폐쇄되었다. 처음에는 해킹에 의한 피해인 줄 알았으나 알고 보니 내부 직원들의 데이터 조작으로 밝혀졌다. 블록체인은 해킹으로부터 안전하다고는 하지만 해킹, 횡령, 시세 조작 등은 아무리 블록체인 기술이 발달해도 안전을 담보할 수 없다. 왜냐하면 개인들이 지닌 비트코인을 관리하는 전자 지갑이 거래소에 접속하는 방식은 해킹 위험에 취약하며 실제로 다수의 거래소에서 비트코인이 도난당하기도 했다. 특히 정부에서 우려하는 것은 비트코인의 익명성을 악용한 마약, 무기 등의 불법 거래나 돈세탁, 탈세 등이 발생할 여지가 높다는 점이다.

　결론적으로 가상 화폐 시장은 아직은 미성숙 시장이다. 아직 법제화도 안

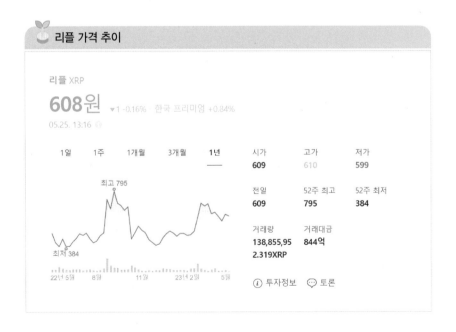

리플 가격 추이

리플 XRP

608원　▼1 -0.16%　한국 프리미엄 +0.84%

05.25. 13:16

1일	1주	1개월	3개월	1년

최고 795

최저 384

22년 5월　8월　11월　23년 2월　5월

시가	고가	저가
609	610	599

전일	52주 최고	52주 최저
609	795	384

거래량	거래대금
138,855,95 2.319XRP	844억

ⓘ 투자정보　💬 토론

가상 화폐 코인원 전 임원, 21개 코인 시세 조작 가담

국내 주요 가상 화폐 거래소 중 하나인 '코인원'에서 코인 상장 업무를 총괄하던 임원이 '무자격 잡코인' 상장뿐 아니라 '시세 조작'에도 관여한 것으로 2023년 5월 22일 전해졌다. 법무부가 이날 국민의힘 조수진 의원실에 제출한 코인원 최고 영업 이사 출신 전 모 씨의 공소장에 관련 혐의가 담겼다고 한다.

공소장에 따르면, 전 씨는 2019년 12월 자신이 상장시키려는 코인이 시세 조작 업체와 계약을 맺은 사실을 알면서도 해당 업체가 코인원 거래 프로그램에 접속할 수 있도록 해줬다. 이를 통해 시세 조작 세력은 코인 상장 후 인위적으로 가격을 올리면서 막대한 이익을 본 것으로 알려졌다. 전 씨가 시세 조작에 가담한 코인은 총 21개로 파악됐다고 한다. 전 씨는 또 2020년 브로커들에게 "추천하는 코인이 상장될 수 있도록 도와 달라"는 청탁과 함께 현금 1,000만 원이 든 쇼핑백, 비트코인·리플 등 가상 화폐를 받은 것으로 조사됐다. 그는 2년 8개월간 40여 종의 코인 상장 과정에서 편의를 봐주는 대가로 '상장피' 20억 원을 받았다고 한다. 이 코인 중에는 강남 납치·살해 사건의 계기인 '퓨리에버코인'도 포함됐다.

출처: 네이버-조선일보 방극렬 기자, 2023. 5. 23.

(https://www.chosun.com, https://m.news.nate.com/view/20230523n00829)

돼 있고 시장은 불안정하지만 참여자들은 난리도 아니다. 미국 최대 은행 JP 모건체이스의 제이미 다이먼(Jamie Dimon, James L. Dimon) 회장은 "가상 화폐는 실체가 없는 만큼 언젠가 폐지되고 말 것이며, 그 끝이 좋지 않을 것"이라고 경고했다. 그럼에도 불구하고 가상 화폐는 하나의 사회 현상과도 같다. 지금 같아서는 가상 화폐 광풍이 쉽사리 사그라들지 않을 것으로 보인다. 여기저기서 나오는 경고에도 불구하고 폭등, 폭락하는 가격 변동성을 오히려 저가 매수의 기회로 삼고 있다. 나아가 투자 심리도 한몫한다. 남들이 가상 화폐

로 돈을 벌고 있는 동안 나만 뒤처져 있다는 불안감과 나에게도 행운이 따를지도 모른다는 희망 고문이 자신을 전쟁터로 내몰고 있는지도 모른다. 그러나 아직은 때가 아니다. 법과 제도가 정비되고 시장이 안정되어 투자자들이 안심하고 투자할 수 있는 환경이 조성될 때까지 만반의 준비를 하면서 기다리자. 가상 화폐 15년, 주식 70년 역사.

⑧ 가상 화폐의 지향점

최근 보스톤 컨설팅 그룹에서 발표한 '자산의 미래 2020' 보고서에 의하면 한국 가상 자산 시장은 2021년 현재 약 300조 원 규모이며 2026년에는 1천조 원에 이를 것으로 전망하고 있다. 이에 따른 5조 원의 경제적 가치와 기업에서 4만 명의 고용 기회를 창출할 것이라는 전망도 나오고 있다. 골드만삭스, 바클레이즈(barclays) 등 거대 금융 기관들도 자사 시스템 및 서비스의 혁신을 위해 블록체인 기술에 투자하고 있다. 산탄데르(santander)은행 소속 연구 기관인 이노벤처스는 블록체인 기술을 활용해 은행이 절약할 수 있는 인프라 비용이 2022년까지 150~200억 달러에 달한다는 연구 결과를 내놓기도 했다.(출처: 네이버, EveryNews, http://www.everynews.co.kr, 최원식 박사)

이렇듯 가상 화폐 시장은 비단 한국만의 일이 아니다. 이미 세계 전역에서 일어나고 있는 일종의 흐름이다. 이는 가상 화폐의 효용성과 가능성을 인정받아 활발한 투자와 기술 진보가 이루어지고 있다는 방증이다.

오픈 소스(open source)를 기반으로 해서 프로그램, 소프트웨어에 대한 다양한 실험과 투자가 이루어지고 있어 지금의 문제점을 보완하면서 진화할 가능성이 상당히 높다. 특히 최근 많은 젊은 연령층이 가상 자산에 적극적으로 투자하고 있다. 스마트폰이나 모바일을 이용하여 가상 화폐를 쉽게 거래할 수 있다는 점에서 디지털 환경에 익숙한 젊은 세대들에게 가상 화폐의 인기는 날로 증가하는 추세이다.

앞에서 살펴본 바와 같이 가상 화폐는 순기능과 역기능을 함께 지니고 있다. 게다가 각국 정부에서는 디지털 화폐에 대한 준비를 하고 있지만 시간이 걸릴 것으로 보인다.

그것과는 별개로 가상 화폐 시장의 가장 시급한 문제는 법제화를 통해 안정화시키는 일이다. 또한 가상 화폐는 시세 조작, 해킹, 도덕적 해이, 불법 거래 이용 등 문제점을 보이기도 하지만 가상 화폐에 대한 수요는 계속 증가하고 있고 화폐로서의 기능도 점점 커지고 있다. 오히려 통용 화폐의 가치가 불안할 때 신뢰할 수 있는 지급 수단이 되고 있다. 그러므로 가상 화폐의 경제성, 활용성, 투자 가치를 보호하면서 가상 화폐 본연의 순기능적 역할이 가능하도록 하루빨리 법과 제도를 정비해야 한다. 즉 합리적인 시스템을 재구축(정비)하고 거래소로 집중되어 있는 기능을 분산시켜 명확한 역할 정립 및 책임과 권한을 부여하여 견제와 균형이 이루어지도록 해야 한다. 그래야만 가상 화폐 시장이 안정적으로 운영되고 투자자들도 안전하게 투자할 수 있다. 또한 가상 화폐 상장 기준 및 절차를 명확히 마련하고 이행 여부를 철저히 관리·감독해야 한다.

그다음은 가상 화폐의 기능을 어디까지 허용하느냐가 관건이다. 가상 화폐를 통용 화폐로 허용할 경우 국가에서 발행하는 통용 화폐 및 정부 주도의 디지털 화폐와 상충하기 때문에 이들 관계가 어떻게 정립될 것인가도 중요한 문제이다. 가상 화폐 주체자들의 사회적 책임과 윤리 의식도 그렇다. 법과 제도에 앞서 주체자들의 책임 의식과 윤리 의식이 없으면 백약이 무효하다. 따라서 발행 기업, 거래소, 감독 기관 등이 책임감을 갖고 제 역할을 다할 때 가상 화폐 시장이 지속 성장할 수 있다. 가상 화폐 시장의 안정화와 건전하고 건강한 투자 환경에 대한 1차적 책임은 정부와 주체 세력들의 몫이다.

결론적으로 가상 화폐는 많은 논란에도 불구하고 지속 성장할 것으로 보인다. 지금처럼 시장의 수요가 계속 증가한다면 정부도 선택을 강요받을 수밖에 없다. 현실적으로 미래 화폐로서의 가능성, 가상 화폐의 장점, 가상 화폐의 기능 그리고 무엇보다 시장의 뜨거운 열광 등을 고려하면 더더욱 그러하다. 또한 글로벌 환경은 급변하고 미래는 불확실하다. 즉 4차 산업 혁명 도래, 글로벌 경제, 전쟁, 코로나 등 불안 요소가 많으면 많을수록 더 관심을 끌 수 있기 때문이다.

한편, 건전한 투자 자세와 전문적 판단 능력을 갖추고 합리적인 투자를 하느냐 묻지마식 투자를 하느냐는 전적으로 투자자(개인)의 몫이다. 아는 만큼 보인다는 격언이 있다. 이는 재테크의 투자 수익을 논하기 전에 투자의 안정성, 합리성 등을 살피고 시장에 진입해야 하며 동시에 내가 얼마나 준비되어 있느냐를 살펴야 한다는 말로도 볼 수 있다. 재테크 시장에 참여하는 것은 누가 나에게 강요하는 것이 아니다. 나의 선택일 뿐이고 그것에 대한 책임은 오로지 자기 자신이 져야 한다는 것을 명심 또 명심해야 한다. 개인은 가상 화폐에 대한 맹목적인 투자는 극히 경계해야 하며 가상 화폐의 특징과 장단점(객관적 정보나 데이터)을 분석한 후 전략적으로 접근해야 한다. 그리고 가상 화폐 시장도 성장 일변도에서 벗어나 보다 성숙한 시장을 지향해야 한다.

2022년도 가상 화폐 시장 전망

미래 먹거리인 블록체인과 가상 화폐 시장이 건전한 투자가 아니라 투기의 수단이 돼서 안타까운 심정이지만 2021년도를 돌아보면서 2022년도를 전망해보고자 한다.

지난해는 비트코인 관련 이슈들이 많았지만, 상대적으로 가격은 안정세를 보였다. 비트코인 관련 주목할 만했던 주요 이슈는 공개 상장 회사들이 비트코인을 그들의 자산에 추가하고, 엘살바도르는 법정 화폐로 채택한 게 있다. 반면 중국 당국은 암호 화폐를 규제하고 채굴 활동을 단속했다. 비트코인의 탭루트(taproot) 업그레이드가 출시됐으며, 이는 개인 정보 보호 강화와 스마트 계약을 가능하게 한 기술적 진보를 이뤘다. 2022년 2월 7일에는 반토막 났던 비트코인의 가격이 반등의 기회를 맞이하여 4만 달러대로 다시 진입하여 10만 달러 진입을 예측하는 전문가도 있다.

이더리움은 2021년 두 차례에 걸쳐 사상 최고치를 경신했다. 처음으로 5월 11일 4,000달러를 돌파했고, 하락 후 11월 9일 4,815달러로 다시 반등했다. 2021년은 2022년 Eth 2.0 출시를 대비해 많은 네트워크 업데이트가 있었다. 그중 이더리움의 네트워크 개선인 런던 하드 포크(london hard fork)와 EIP-1559이 가장 큰 주목을 받았다. 2020년 12월 출시 이후 비콘체인에 대한 첫 번째 업그레이드를 했다. 2022년에도 예정된 Eth 2.0 업그레이드를 계속할 예정이다.

이더리움과 비트코인 대안으로 투자가들은 알트코인에도 관심이 많다. 2021년에는 4개의 토큰(fantum, terra, solana, polygon)이 1년 동안 10,000%를 초과하는 가격 상승을 보였으며, 팬텀(Fantum)은 14,279%로 가장 높은 수익률을 기록했다. 솔라나(Solana)는 2021년 암호 화폐 시총 5위권에 진입했다. 2022년에도 알트코인에 많은 이슈를 몰고 오면서 블록체인 생태계에서 트릴레마인 확장성(scalability), 탈중앙화(decentralization), 보안성(security)을 해결해줄 대안도 제시되길 기대해본다.

대체 불가능한 토큰(NFT, non-fungible token)이라는 NFT는 2021년 비트코인과 양대 산맥을 이루며 가상 자산 시장에서 헤드라인을 장식했다. 2021년 가

상 화폐 시장을 가장 뜨겁게 달구었던 NFT는 2017년 크립토키티 이후로 모습을 드러냈고, 본격적인 성장을 시작한 2021년은 폭발적으로 시장을 변화시켰다. 블록체인을 활용해 디지털 콘텐츠에 별도의 고유 값을 부여, 세상에 단 하나밖에 없는 것을 만들어내는 블록체인화된 권리 증서이다. 블록체인 기술을 활용한다는 점에서 비트코인 등과 비슷해 보이지만 기존 디지털 콘텐츠, 즉 텍스트나 영상 및 오디오 등에 고유의 일련 번호를 넣어 복제가 불가능하게 만든 것이 다르다.

NFT는 bored ape yacht club(BAYC), NBA topshots 및 크립토펑크와 같은 프로젝트가 수백만 달러의 수익을 창출하고 나이키, 비자 카드 및 아디다스와 같은 세계 최대 브랜드와 협력하여 대중의 관심을 끌었다. NFT가 현실 세계와 디지털 자산 소유권 사이의 다리 역할을 한다는 것은 더 이상 의심의 여지가 없다. 2022년에는 메타버스, P2E(play-to-earn) 및 P2L(Play-to-Learn) 게임과 같은 흥미롭고 새로운, 다양한 산업에서 쓸 수 있는 실용적인 엔터프라이즈 애플리케이션 및 사용 사례가 태동할 것이다. 2022년 2월 7일 코인텔레그래프에 따르면 암호 화폐 시장의 최근 하락세에도 NFT 시장은 꾸준히 성장하고 있다. 룩스레어, 오픈시 등 NFT 시장은 꾸준히 1억 달러가량의 일일 거래량을 기록했고 2021년에 NFT를 준비했던 많은 게임 분야, 예술품, 메타버스 분야 기업들이 2022년 서비스 출시를 준비하고 있다.

디파이(DeFi, 탈중앙화 금융)는 2017년부터 블록체인 업계에서 그 가능성에 대해 논의되기 시작했다. 이 성장세의 시발점은 2018년 11월에 출시된 유니스왑(Uniswap)의 자동 시세 조정(AMM, auto market maker) 시스템이었다. AMM의 등장으로 디파이는 중개인 없는 예치 및 대출 서비스 이상의 고유 확장성을 도모해 거래 방식 자체가 기존 금융과 다르게 형성됐다.

디파이(Defi)의 이점은 공용 블록체인상의 상호 운용 가능한 탈중앙화 금융 애플리케이션 위에 구축된 모듈식 프레임 워크인데, 이는 완전히 새로운 금융 시장, 상품, 서비스를 만들어낼 수 있다. 2021년 디파이 시가 총액은 200억 달러에서 1,500억 달러로 7.5배 증가했으며, 암호 화폐 시장 점유율은 2.8%에서 6.5%

로 두 배 이상 증가했다. 2021년 4분기 디파이의 부활은 'DeFi2.0'이라는 별명을 가진 차세대 DeFi 때문일 수 있다. 2021년에 Cronos(CRO), Aurora(AURORA), Boba(BOBA)와 같은 새로운 대안 EVM 네트워크에 대한 인센티브의 증가가 2022년에도 디파이 토큰에 대한 수요를 주도하며 신규 디파이 토큰이 출시될 것 같다.

미완성의 블록체인 기술이 이제는 현실에 적용되면서 가상 화폐 시장이 요동치고 있다. 경제학자이자 증권 분석 창시자인 벤자민 그레이엄(Benjamin Graham)은 "시장은 단기적으로 보면 인기도를 가늠하는 투표소 같지만 장기적으로 보면 실체를 측정하는 저울이라 할 수 있다."라고 했다.

가상 화폐 가격이 단기간에 얼마나 하락할지 아무도 알 수 없기 때문에 차익금이 소액이라 해도 차입에 의한 투자는 하지 말아야 한다. 마찬가지로 무시무시한 뉴스가 숨가쁘게 쏟아지면 사람들은 불안감에 사로잡힐 수밖에 없다. 불안한 마음으로는 좋은 판단을 내리지 못한다. 가상 화폐 시장을 투기로 보지 말고 진정한 내재 가치를 보길 바란다.

출처: EveryNews, 최원식 박사, 2022. 3. 8.

(http://www.everynews.co.kr/news/articleView.html?idxno=41496)

 Tip

그렇다면 화폐를 찍는 중앙 기구가 없는
비트코인은 어떻게 돈을 발행할까?

대답은 바로 "누구나 할 수 있다"이다. 비트코인을 만드는 과정을 광산업에 빗대 '캔다', '채굴한다'의 'mining'이라고 하고 이런 비트코인을 만드는 이를 '마이너(miner)', 즉 '광부'라고 부른다.

마이너들은 비트코인을 얻기 위해서는 컴퓨터가 제시하는 암호 풀기와 같은 아주 어려운 수학 문제를 풀어야 하고, 문제를 풀면 그 대가로 비트코인을 지급받는다. 이 수학 문제를 풀기 위해선 일반 PC 1대로는 약 5년이 걸리기 때문에 전문적인 하드웨어와 소프트웨어 등이 필요하다. 더 많은 광부가 비트코인 채굴에 참여할수록 더더욱 채굴하기가 어려워진다. 광부들이 푸는 이런 수학 문제로 비트코인의 소프트웨어는 더욱 암호화되고 견고화된다. 광부가 아닌 사람은 환전하듯 돈을 주고 비트코인을 구입할 수 있다. 비트코인의 가격은 수요와 공급에 의해 변동된다.

출처: 소비라이프, 음소형 기자, 2017. 1. 9.
(http://www.sobilife.com/news/articleView.html?idxno=11587)

Tip

재닛 옐런 미 재무장관 CNBC 인터뷰
- 재닛 옐런 발언이 이슈가 된 이유는?

재닛 옐런(Janet Yellen)은 2018년 비트코인을 지지하지 않는다고 밝힌 인물이다. 재닛 옐런은 "비트코인은 비효율적이고 투기성 높은 자산"이라며 "빠르고 효율적인 결제 서비스를 구현할 수 있을지 모르지만, 자금 세탁 등에 악용될 수 있어서 투자자 보호 장치 등이 마련되어야 한다."고 말했다. 그랬던 인물이 "가상화폐는 건전한 결제 혁신일 수 있다."며 입장을 바꿨다.

그 원인으로는 조 바이든(Joe Biden) 미국 대통령이 최근에 가상 자산 행정 명령을 발표해 잠재력을 인정했기 때문이라는 분석이 나오고 있다. 조 바이든 미국 대통령은 미국과 미국인들을 위한 암호 화폐의 지원 방법, 위험 완화의 필요성, 규제 기관의 주요 과제 등이 수록된 행정 명령에 서명했는데, 이를 두고 업계는 "가상 화폐 시장에 호의적이다."라고 평가하고 있다.

미국의 가상 화폐 인정…투자자들 반응은?

미국의 재무부 장관이 "가상 자산 시장이 성장을 이루었다."고 평가하고 조 바이든 대통령 역시 행정 명령에 서명하면서 '비트코인이 이제 국제 통화로 인정되는 게 아니냐'는 분석이 나오고 있다. 아무래도 각종 코인 투자자 커뮤니티 등에서 가상 자산에 대한 미국의 인정을 제일 필요로 했던 점은 누구도 부정할 수 없는 부분이다. 미국의 국가 경쟁력과 자본력은 이미 한 나라, 국가의 화폐 가치 등락을 결정할 정도의 파워를 가지고 있기 때문이다. 이러한 미국의 발표로 인해 일부 투자자들은 '비트코인이 드디어 인정받은 화폐가 되었다'는 반응을 보이고 있다.

코인 시장은 앞으로 어떻게 될까?

트럼프 정부는 비트코인 등에 대하여 다소 부정적이었지만 이번 재닛 옐런의 발언, 바이든 대통령의 행정 명령 서명으로 관련 리스크가 사라지고 있는 추세다. 옐런 재무부 장관이 가상 자산의 순기능에 대하여 이른바 '인정'을 했고, 특히

최근 우크라이나 전쟁에 있어 러시아의 가상 자산 취급을 제재 대상 자산에 포함한 만큼, 반대로 생각하면 '비트코인 등'을 인정했다는 것으로 해석할 수 있다.

그렇기 때문에 앞으로 투자에 있어서 리스크가 감소한 만큼 앞으로 비트코인의 수요와 거래량은 더욱 늘어날 것으로 보인다. 특히 프랑스에서는 비트코인에 대해서 우호적으로 바라보고 있다. 정부 차원에서 가상 자산 전체에 대해서 조 단위로 투자하고 있다. 우리나라는 윤석열 후보가 당선되면서 가상 화폐에 대한 ICO를 풀어주겠다는 분위기다. 이에 따라 거래소 사업, 코인 사업, 재단 사업 등 많은 사업자가 생겨날 것으로 보인다.

옐런이 말하는 '가상 자산에 대한 회의감'은 어떤 것을 말하는가?

재닛 옐런 미국 재무부 장관은 가상 자산의 폭발적인 성장세, 미국인들의 새로운 투자 경험에 대해 긍정적으로 바라보고 있다. 하지만 가상 자산을 이용한 마약, 해킹 사건에 대해서 회의감을 느낀다고 밝혔다. 시대적인 흐름에 따라서 가상 자산을 인정해야 하지만 부정적으로 사용되고 있는 부분은 조치가 필요하다는 분석이다.

발표에 따른 비트코인 시세 변동은?

발표 이후 한국 30일 기준 빗썸 비트코인 시세

재닛 옐런의 발표 이후 국내 가상 자산 거래소 빗썸에서 비트코인은 5,700만 원대까지 올랐다. 3월 30일 오후 12시 13분 코인 시황 중계 사이트 코인마켓캡에 따르면 비트코인은 4만 7,346.42달러에 거래되고 있다. 24시간 내 최고점은 4만 8022.29달러를 기록하며 올해 첫 4만 8,000달러선에 올랐다. 다만 비트코인뿐만 아니라 미국 등의 발표로 인해 등락하는 것은 주식 시장도 마찬가지다. 발표에 따라서 비트코인이 상승했고 하락했다는 부분은 지금 당장 중요하게 여겨지지는 않는다.

가상 자산에 대해 부정적이었던 미국이 긍정적인 태도로 돌아섰다는 건 가상 자산 시장이 그동안 비약적으로 성장했다는 증거로 볼 수 있다. 국가 경쟁력이나 자본력으로 봤을 때 미국이 가상 자산에 우호적인 태도를 보이는 것은 비트코인을 비롯한 각종 코인 투자자들에게 긍정적인 신호로 보인다. 하루빨리 가상 화폐도 당당한 자산으로 인정받고 주식 시장과 같이 성장해 나갔으면 하는 바람이다.

출처: 햇살파파, 2022. 4. 2. (https://blog.naver.com/othekao/222689697608)

 Tip

현명한 가상 화폐 투자 방법

가상 화폐에 관심을 가지고 있다면 미국과 일본 거래소에서 공통으로 인정한 암호 화폐만 투자하는 것이 차선책이다. 가상 화폐는 전 세계적으로 만 개가 넘는다. 한국에서 상장된 암호 화폐가 1,500개 이상이다. 국내 대형 거래소인 업비트에는 180여 개의 가상 화폐가 상장돼 있다.

2021년 뉴욕 증시에 상장된 미국 최대 거래소인 코인베이스에는 58개 코인만 상장되었다. 일본 최대 거래소인 비트플라이어는 비트코인, 이더리움 등 5개 코인만 상장돼 있다. 세계적으로 거래량이 많고 대형 기업이 인정하는 비트코인과 이더리움 암호 화폐만 가치가 올라갈 것이다. 반대로 거래량이 적고 사용처가 확실하지 않은 암호 화폐는 조만간 사라질 것이다. 한마디로 수많은 암호 화폐 중에서도 기축 통화 역할을 하는 비트코인이 살아남을 가능성이 높다.

우리나라는 암호 화폐 상장(ICO)에 대한 규정 자체가 없기 때문에 1,500개가 넘는 가상 화폐가 상장된 것이다. 한국에는 암호 화폐 거래소에 대한 규정도 없다. 이런 이유로 한국의 가상 화폐 거래소는 200개가 넘는다. 암호 화폐에 대한 규정과 제도 자체가 없기 때문에 문제가 더욱 심각하다.

기획재정부는 2022년부터는 양도세를 20% 부과한다. 정부는 신속하게 미국과 일본 등 선진 국가에서 규제하는 정도의 규정과 제도를 만들어야 한다. 민간 거래소가 자기 마음대로 가상 화폐를 상장하는 것이 큰 피해를 키운다. 비트코인을 제외한 가상 화폐를 알트코인 또는 잡코인이라고 부른다.

우리나라에서 암호 화폐 상장은 코인을 발행하는 기업이 거래소에 상장을 신청하면, 민간 거래소가 상장 여부를 결정한다. 정부의 법규와 제도가 없기에 민간 가상 화폐 거래소가 100% 자율로 결정한다. 주식 시장에서 기업이 상장하기 위해서는 재무 심사 등 9가지 기준을 충족해야 한다. 그러나 가상 화폐 시장에서는 암호 화폐 평가를 제대로 하지 않기에 검증이 안 된 알트코인이 상장되고 있다. 한국에는 가상 화폐 투자자 보호를 위한 공시 규정과 제도가 전혀 없다. 이런 이유로 코인을 발행하는 기업이 허위로 가상 화폐를 발행해도 처벌이 어렵다. 정부는 암호 화폐 상장과 거래소 규정을 서둘러서 만들어야 한다. 암호 화폐는 블록체인 기술을 이용한 첨단 금융이지만,

사기꾼들이 이를 악용하여 가상 화폐 상장을 남발하고 있다.

5월 16일 정부는 암호 화폐에 대하여 금융감독원을 중심으로 제도와 규정을 준비하기로 했다. 정부에서도 암호 화폐를 방치하고, 더 이상 지켜보기만 해서는 안 된다. 2021년 5월 한국의 가상 화폐는 주식 거래 금액을 넘을 정도로 하루에 30조 원 이상 거래되고 있다. 전 세계 비트코인 거래액의 10%는 한국에서 이루어지고 있다. 이처럼 한국은 암호 화폐가 크게 성장하고 있다. 정부에서도 20~30대를 중심으로 많은 국민이 투자를 하기에 완전 금지는 불가능하다고 판단한 것 같다. 신속하게 선진국 수준으로 규정과 제도를 만들어야 한다. 암호 화폐에 투자할 때는 위험 요소가 매우 많다. 그 이유는 투기 수단으로 만들어진 암호 화폐가 많기 때문이다.

주식 시장에서 매년 20개 이상의 기업이 파산한다. 기업들이 코스닥에 상장한 뒤 기업 어음을 발행한 후 이를 개인에게 팔고 부도를 낸다. 기업 활동을 통해 돈을 버는 것이 아니라 상장을 통해 돈을 모으는 일종의 '돈놀이'이다. 2021년 5월 한국 암호 화폐 시장에도 이 같은 경우가 많다. 거래소에 상장한 후 거품처럼 사라지는 투기성 암호 화폐에 투자하면 절대 안 된다.

개인이 투자한다면 기축 통화 역할을 하는 비트코인만 투자하길 바란다. 통화 가치가 없는 작은 회사의 암호 화폐는 매우 위험하며 조만간 사라질 것이다. 비트코인을 주면 새로운 암호 화폐를 몇 배로 주겠다는 곳은 현금화하기 어려울 것이다.

블록체인은 4차 산업 혁명 시대에 국가적으로 키워야 할 기술이다. 정부 차원에서 블록체인 기술을 활용한 나라도 있다. 현재 세계는 인공 지능, 빅데이터, 블록체인 등 4차 산업 혁명이 세계 경제를 주도하고 있다. 대한민국은 세상의 거대한 물결에 편승하여 주도해야 한다. 4차 산업 혁명과 관련된 인재가 1,500만 명 이상 필요하다. 5월 17일 정부가 암호 화폐에 대하여 외면하지 않고, 규정과 제도를 만들겠다고 하니 다행이다.

개인이 가상 화폐에 투자를 한다면, 본인의 여유 자금 중에서 없어도 되는 아주 작은 돈만 비트코인과 이더리움에 투자하길 바란다. 특히 비트코인은 미국 달러처럼 모든 암화 화폐의 결제 기능을 하기에 생존 가능성이 있다. 삼성전자와 애플처럼 일등 가상 화폐에 투자하는 것이 가장 바람직하다.

출처: e대한경제신문, www.dnews.co.kr, 김대종 교수, 2021. 6. 1.
(https://www.dnews.co.kr/uhtml/view.jsp?idxno=20210530145655574012)

CHAPTER

06

채 권

CHAPTER 06 채권

1 채권이란

채권은 정부, 공공 기관, 주식회사 등의 발행 주체가 투자자들로부터 비교적 장기간 자금을 대량으로 조달하기 위해 발행하는 유가 증권으로, 확정 이자를 지급하기로 약속한 일종의 차용 증서이다. 즉 부채이다. 그러나 일반적으로 채권을 발행할 수 있는 기관과 회사는 법률로 정해져 있으며, 정부, 공공 기관, 지자체, 특수 법인과 상법상의 주식회사만이 채권을 발행할 수 있다. 채권은 발행 주체의 파산 및 신용에 문제가 발생하지 않는 한 이자와 원금이 약정된 안정형 자산이다. 또한 장기 증권을 본질로 하기 때문에 발행자는 긴 기간 동안 안정적으로 자금을 조달할 수 있다. 발행 주체별로 발행하는 채권은 다음과 같다.

국 채	지방체	특수채	사채 (社債)
국가가 발행하는 채권(국고채, 국민주택 채권)	지방자치단체가 발행하는 채권 (지역 개발 채권)	은행, 공사, 공단이 발행하는 채권 (통화 안정 증권, 금융 특수채)	주식회사가 발행하는 채권 (회사채, 금융채, 주식 관련 사채)

©www.hanol.co.kr

| 국채 견본

| 회사채 견본

| 은행채 견본

　예를 들면, 한국 10년물 국채의 경우 1억 원짜리 채권을 10년 만기로 이자는 매년 100만 원으로 정하여 발행하는 것이다. 채권은 발행 주체의 파산 및 신용 사건이 발생하지 않는 한 이자와 원금이 약정되는 안정형 자산이다. 일

반적으로 국채 가격이 하락할수록 금리는 올라간다. 왜냐하면 국채 금리는 고정인데 국채 가격이 변동되었기 때문이다. 국채 금리가 올랐다는 것은 국채 가격 하락을 의미한다.(1억 원 → 8천만 원)

채권은 안전성이 높을수록 수익률이 낮고 위험성이 높을수록 수익률은 높다. 대개 금융 기관이 발행한 후순위 채권은 상대적으로 높은 이자율로 인해 높은 수익률을 올릴 수 있는 장점이 있지만 발행자가 부도가 나면 원금 손실을 볼 수 있기 때문에 유의해야 한다.(예금자 보호 못 받음)

② 채권의 특징

채권에 투자한다는 것은 채권을 발행한 주체에게 돈을 빌려주고 그 대가로 정해진 이자를 받다가 만기가 도래되면 원금을 돌려받는 것이다. 따라서 발행자의 신용도와 이자율 등에 따라 그 가치가 결정된다. 채권의 특징을 살펴보면 다음과 같다.

첫째, 안전성이 높다. 국공채의 경우 발행 주체가 정부, 지방자치단체 등이므로 안전성이 높아 채무 불이행의 우려가 거의 없다.(주식회사에서 발행하는 회사채는 위험 가능성이 있음)

최근 강원도 레고랜드가 자금 시장에 큰 파문을 일으켰다. 레고랜드가 돈을 빌려 사업을 했지만(자산 유동화 기업 어음(ABCP) 발행), 수익이 예상에 못 미쳐 돈을 갚지 못하게 되었고, 설상가상으로 지급 보증을 선 강원도마저 못 갚겠다고 선언하면서 큰 문제를 야기시켰다. 정부가 나서서 해결은 되었지만 채권 시장에 큰 교훈을 준 사건이었다. 회사채의 경우 회사의 재정 건전성, 성장성, 수익성에 따라 천차만별이다. 건실한 회사에서 발행한 채권은 비교적 안전한 반면, 이자율이 낮다. 반면에 부실한 회사에서 발행한 채권은 안전성이 떨어지는 반면, 이자율이 높다. 대개 후자의 경우 자금 조달이 어렵기 때문에 전환

사채나 사모 사채를 발행하는 경우도 많다.

둘째, 수익성이 높다. 약속된 발행 이자율에 따른 이자를 받을 수 있고 채권 가격 변동에 따른 시세 차익도 기대할 수 있다. 즉 예금보다 금리가 높다.

셋째, 유동성이 좋다. 유통 시장이 잘 발달되어 언제든지 현금화가 가능하다. 즉 만기 전이라도 매도가 가능하다.

전환 사채

채권 + 주식으로 전환할 수 있는 선택권(옵션)이 있는 사채이다.

전환 사채(convertible bond, CB)를 짧게 요약하면 다음과 같다. 처음 기업이 채권을 발행할 땐 보통의 회사채와 똑같지만 일정한 기간이 지나 주식 전환권이 발동하면 투자자가 원할 때 채권을 주식으로 바꿔 주가 상승에 따른 차익을 볼 수 있는 구조다. 일단 주식 전환권을 행사하면 그다음부터는 채권이 아닌 일반 주식으로 변한다는 점에서 전환 사채는 주식과 채권의 회색 지대에 있다고 말할 수 있다.

사모 사채(私募社債)

채권의 발행자가 공개 모집의 형식을 취하지 않고 특정 개인이나 보험 회사, 은행, 투자 신탁 회사 등 기관 투자가들과 직접 접촉해서 발행 증권을 인수시키는 형태를 취하는 사채이다. 공모 사채에 비해 발행 시간과 비용이 절약되고 기업 내용의 공개를 회피할 수 있다는 점에서 사채를 발행하는 기업들이 선호하는 발행 방식이다. 매입자의 입장에서도 유리한 조건으로 대량의 채권을 취득할 수 있다는 이점이 있다. 그러나 사모 사채를 발행할 때는 담보에 대해 엄격한 조건이 부과되고, 그 발행량에 일정한 제한이 가해질 뿐 아니라 발행자가 사후에 유통 시장에서 채권을 관리하기 어려운 단점들도 있다. 공모 사채는 기업의 사정에 따라 만기를 신축성 있게 정하고 있지만, 사모 사채는 대부분 만기가 1년이다.

출처: 네이버 지식백과

(https://terms.naver.com/entry.naver?docId=3570170&cid=58781&categoryId=58781)

채권 투자의 단점은 첫째, 채권 발행 주체가 도산하면 원금 손실을 볼 수 있다. 둘째, 채권 투자 후 시장 금리가 계속 오르는 경우 만기까지 자금이 묶일 수 있다. 자금이 주식이나 부동산으로 이동하기 때문이다. 셋째, 주식의 주가도 변하듯이 채권도 시장 상황에 따라 가격이 변동하기 때문에 관리가 필요하다. 가격 변동에도(하락) 끝까지 갖고 있으면 원금 손실 없이 이자는 받을 수 있지만 기회 비용 측면에서는 다른 곳에 투자할 기회를 상실한다.

③ 채권 투자 방법

채권 투자 방법은 크게 직접 투자와 간접 투자(펀드) 방법이 있다. 직접 투자는 말 그대로 투자자가 직접 채권을 매입하는 것이고, 간접 투자는 채권 펀드나 ETF 등에 투자하여 수익을 내는 것이다.

직접 투자를 하기 위해서는 채권 종류와 발행 대상, 발행 기관의 신용 등급 등을 파악하고 만기, 이자율, 이자 지급 주기 등을 고려해서 판단한다. 이 방법은 전문 지식과 경험이 필요하므로 초보 투자자에게는 적합하지 않을 수 있다. 채권형 펀드 투자는 채권을 전문적으로 운용하는 펀드에 투자하는 것으로 전문가의 지식과 노하우를 활용할 수 있어 비교적 안정적인 수익을 기대할 수 있다. 채권형 펀드는 전문가가 펀드 종류, 발행 대상, 발행 기관의 신용 등급 등을 종합적으로 고려하여 포트폴리오를 구성하고 효과적으로 관리한다. 그러나 운용사의 수수료 등을 지불해야 하므로 수익이 감소할 수 있다.

최근 증권사들은 경쟁적으로 인터넷 환경을 기반으로 손쉽게 주식이나 채권을 거래할 수 있는 서비스망을 확대하고 있다. 두 가지 방법 모두 증권사 앱을 통해 손쉽게 검색 및 투자가 가능하다. 다만 증권사마다 수수료가 다르므로 비교해서 저렴한 증권사를 이용하면 된다. 일반적으로 채권의 경우 직접 투자가 더 큰 수익을 얻을 수도 있지만 안전하게 ETF로 투자하는 것이 좋다.

④ 채권과 금리

채권과 금리는 밀접한 상관관계가 있다. 채권은 기관과 기업이 필요한 자금을 조달하기 위해 발행하는 일종의 차용 증서이다. 투자자들은 정해진 이자율에 따른 이자로 수익을 창출하는데 이때 중요한 변수로 등장하는 것이 바로 금리이다.

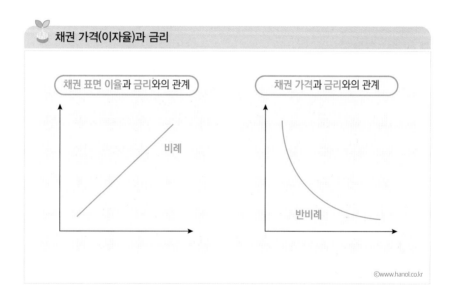

채권 가격(이자율)과 금리

채권 표면 이율과 금리와의 관계

비례

채권 가격과 금리와의 관계

반비례

©www.hanol.co.kr

채권의 가격과 금리는 반비례 관계이다. 즉 금리가 상승하면 채권 가격이 하락하고, 반대로 금리가 하락하면 채권 가격이 상승한다. 왜냐하면 새로 발행된 채권의 금리가 기존 채권의 금리보다 높아져 채권의 상대적 가치가 변동하기 때문이다. 또는 기준 금리가 상승하면 은행 예금 금리도 상승한다. 그러면 굳이 채권에 투자할 필요가 없다. 그만큼 안정적인 금융 상품(예적금)에 투자하는 사람들이 늘어난다는 뜻이다. 일반적으로 경기가 좋지 않을 때에는 안전 자산인 채권의 인기가 높다. 채권의 인기가 좋아지면 국채 금리는 떨어

진다. 왜냐하면 사려는 사람이 늘어나기 때문이다.

코로나로 인해 경기가 침체되면 정부에서는 경기를 부양시키기 위해 기준 금리를 인하하든지 채권을 매입하는 방법으로 시장에 유동성 자금을 공급한다. 따라서 이 시기에는 채권보다는 부동산이나 주식 가격이 상승한다. 반면에 물가 상승(인플레이션)이 심화되면 정부는 시중의 유동성 자금을 회수하기 위해 기준 금리와 국채 금리를 인상한다. 즉 금리 인상과 채권을 발행해서 시중의 유동 자금을 회수한다. 그러나 금리가 너무 낮으면 채권에 투자하지 않기 때문에 대개 높은 금리로 발행하며 기준 금리가 오르면 국채 금리도 오른다.

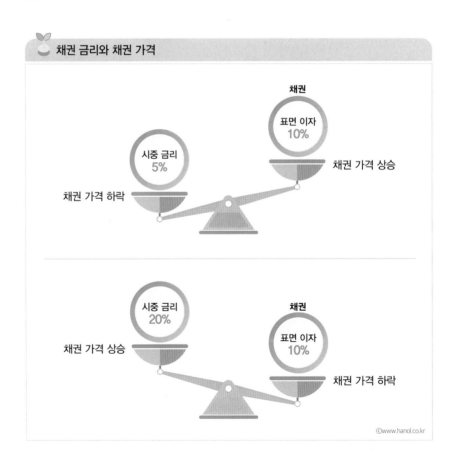

채권 금리와 채권 가격

채권
표면 이자
10%
시중 금리
5%
채권 가격 상승
채권 가격 하락

시중 금리
20%
채권
표면 이자
10%
채권 가격 상승
채권 가격 하락

©www.hanol.co.kr

채권은 가격이 올라가든 내려가든 투자자는 항상 정해진 이자(yield)를 받는다. 그러므로 국채 가격이 떨어질 때 매입해서 국채 가격이 올라갈 때 매도하면 국채 가격 상승을 통한 차익 실현(return)도 기대할 수 있다. 또한 금리는 일반적으로 각국의 중앙은행에서 결정하며 인플레이션과 경제 성장을 조절하는 수단으로 사용한다. 금리 변동은 채권 투자에 직접적인 영향을 주기 때문에 채권 투자자들은 금리의 움직임에 민감하다.

이에 채권 투자자들은 인플레이션 전망에 관심이 많은데 이를 측정하기 위해 브레이크이븐 레이트(breakeven inflation rate)라는 척도를 사용하여 시장의 인플레이션을 전망한다.

 Tip

브레이크이븐 레이트

미국의 일반 국채와 인플레이션 연동 미국 국채(TIPS) 간 수익률 격차를 나타내는 것으로 연방준비제도와 투자자들의 인플레이션 전망치를 가늠할 수 있는 선행 지표다. '브레이크이븐 인플레이션 레이트(BEI)'라고도 한다.

브레이크 이븐 레이트(breakeven inflation rate)가 올랐다면 이는 채권 매매자들이 향후 물가 상승률이 오를 것이라는 쪽에 무게를 두고 있다는 의미로 해석할 수 있다.

브레이크이븐 레이트는 사람들이 예상하는 미래의 물가 상승률을 측정하는 것이다. 한국은행은 전문가와 일반인을 대상으로 "향후 1년간 평균 물가 상승률을 얼마나 예상하는가?"라는 질문을 던져 그 답변을 토대로 매달 기대 인플레이션 지수를 집계한다. 우리나라의 경우 한국은행이 매월 소비자 동향 조사를 하면서 기대 인플레이션을 조사 발표한다. 이것은 국고채 금리에서 물가채 금리를 뺀 값으로 계산하기도 한다.

출처: 한경 경제용어사전, 2022. 12. 21.

(https://terms.naver.com/entry.naver?docId=4355599&cid=42107&categoryId=42107)

따라서 채권을 처음 시작하는 투자자들은 채권과 금리의 관계를 이해하고 이를 고려해서 투자 전략을 세우는 것이 매우 중요하다. 예를 들면, 원금이 1억 원이고 이자율이 연 3%인 1년 만기 채권에 투자했다고 가정하자. 그러면 투자자는 1년 후 1억 3백만 원을 받을 수 있다. 그러나 기준 금리가 3%에서 5%로 상승하면? 투자자들은 3%짜리 채권을 팔고 금리 5%짜리 채권에 투자하려고 할 것이다. 그러면 1년 후 1억 5백만 원을 받을 수 있기 때문이다. 그러면 기존에 발행한 채권의 수요는 하락하고 덩달아 채권 가격도 떨어지는 것이다.

한편, 채권 시장은 금융 시장의 인프라에 해당된다. 채권 시장은 경제 주체들이 미래의 경제를 예측하는 하나의 이정표와 같은 역할을 하기 때문에 재무 활동 역량을 증대시킬 것인지 축소할 것인지에 대한 합리적 의사 결정을 가능하게 한다. 한 나라의 장단기 시장 이자율이 얼마나 효율적으로 결정되느냐의 여부를 판가름하고 그 나라 채권 시장의 탄력성(가격 변동에 대한 수요 변화)의 정도에 따라 시장 경제에 큰 영향을 주기 때문이다. 이에 채권 시장과 시장 경제는 금리 지표가 얼마인지, 안정적인 장기 자금 조달이 가능한지 등에 따라 실물 경기 흐름을 판단할 수 있다.

정부는 정부대로 간접적으로 통화 관리를 할 수 있고 투자자는 장기적인 자산 운용을 판단하는 근거로 활용한다. 즉, 채권의 기능은 자금 조달, 경기 예측과 통화 정책의 활용 및 자산 운용의 총체라고 할 수 있다.

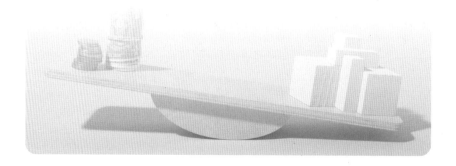

⑤ 주식과 채권의 특징 비교

주식과 채권의 특징을 살펴보면 다음과 같다.

주식/채권의 특징

주 식	채 권
• 자본 조달	• 자본 조달
• 자기 자본	• 타인 자본
• 증권 소유-배당 청구권	• 채권자-이자 청구권
• 경영 참가권	• 의결권 행사-경영 참가권 없음
• 영구적 증권	• 상환이 예정된 일시적 증권
	• 분기별 이자 지급
	• 금리와 채권 가격 반비례

투자 전략

시중 금리가 올라가면 채권 가격은 떨어짐
⤑ **채권 펀드 투자**
⤑ **만기 짧은 쪽에 투자**

주식은 자기 자본이다. 즉 기업에 투자하는 것이다. 따라서 투자한 지분만큼 경영에 참여할 권리가 있고 주주 총회에서 의결권을 행사할 수 있다. 또한 주식은 기업의 이익에 따라 배당을 요구할 수 있는 권리가 있다. 경영상의 문제가 생겨 파산할 경우 투자한 금액 범위 내에서 유한 책임을 진다. 반면에 채권은 경영권과는 아무런 관련이 없다. 즉 타인 자본, 부채이다. 주식회사가 투자자로부터 비교적 거액의 자금을 일시에 조달하기 위하여 발행하는 차용 증서이며 투자자는 기업의 이익과 관계없이 원금과 이자를 받는다. 물론 채권 발행 기업이 파산하면 원금 회수가 불가능하므로 신용도를 철저히 살펴봐야 한다.

예를 들면, 은행 예금은 만기가 되면 원금과 약속한 이자를 지급받는다. 그러나 채권은 만기까지 보유 시 원금과 약속한 이자를 받을 수 있지만 만기 전

에 매도할 때에는 금리에 따라 채권의 가격이 변동될 수 있어 손실을 볼 수도 있다. 또한 예금과 달리 만기에 한 번에 수령하는 것이 아니라 채권 이자 주기에 따라 이자가 지급된다. 일반적으로 국채는 6개월, 공사채는 3개월 또는 6개월, 회사채 3개월이다. 이 밖에 매월 이자를 받을 수 있는 월이자 지급식, 복리채(복리 형태로 이자를 계산해 만기에 지급하는 채권) 등도 있다.

주식과 채권의 상관관계를 살펴보면 다음과 같다. 첫째, 주식 시장이 좋지 않을 때 채권에 투자하는 것이 유리하다. 국채 금리가 오르면 주식 시장에서 돈이 빠져나가 채권에 투자하는 사람들이 늘어나기 때문이다. 둘째, 주식이 오르면 채권 가격도 오르나 주식이 내리면 채권 가격은 그대로이다. 셋째, 경기가 좋을 때 채권은 인기가 없다. 주식이나 부동산 가격이 상승할 가능성이 있어 투자자들이 그쪽 시장으로 이동하기 때문이다.

6 채권 투자의 성공 전략

채권은 기본적으로 안전한 상품이지만 역설적으로 채권에 투자할 때 가장 중요한 것이 바로 위험성이다. 즉 채권 발행 주체의 신용도를 살펴 채무 불이행 가능성을 판단해야 한다. 왜냐하면 채권을 발행할 때 발행자(채무자)가 지급해야 하는 이자와 상환 금액이 확정되기 때문에 만기 도래 시 발행자의 원리금 상환 능력이 제일 중요하다. 국공채의 경우 대부분 정부에서 보증하기 때문에 안전하지만 회사채의 경우에는 다르다. 기업의 신용도에 따라 위험성과 이자율이 다르기 때문에 이를 세밀하게 파악해야 한다. 즉 재정 건전성이 좋은 기업은 덜 위험하나 이자율이 낮은 반면, 재정 건전성이 낮은 기업은 상대적으로 위험성이 높아 이자율도 높다. 특히 금리가 상승하고 있는 상황에서는 채권에 투자하는 것이 유리하다. 금리가 상승하면 채권의 가치는 하락하는데 이후에 발행되는 채권의 이자 수익률이 높아질 가능성이 있다. 또한 직접 투자와 간접 투자(펀드) 중에 어느 방식이든 무방하다.

최근 증권사들은 경쟁적으로 인터넷 환경을 기반으로 주식이나 채권을 거래할 수 있는 서비스망을 확대하고 있어 증권사 앱을 통해 손쉽게 검색 및 투자가 가능하다. 일반적으로 채권의 경우 직접 투자가 더 큰 수익을 얻을 수도 있지만 안전하게 ETF로 투자하는 것이 좋다.

채권 투자는 채권 시장과 다른 재테크 시장의 움직임을 함께 살펴 결정해야 한다. 첫째, 경기 선행 지수와 주가는 같은 방향으로 움직인다. 둘째, 주식이 강세일 때 채권 가격은 약세이다.(금리 인상) 즉 반대로 움직인다. 셋째, 달러 대비 환율과 주가는 주가 상승기에 환율은 하락한다.(원화 평가절하) 넷째, 저금리일 때에는 부동산이나 주식 시장으로 돈이 몰린다. 다섯째, 기준 금리가 내리면 채권 가격이 오른다.

금융 시장의 불확실성, 부동산 경기 침체 등으로 재테크 시장이 불안할 때 안전 자산인 채권에 투자하는 것이 더 유효하다. 또한 경제 정책, 실물 경제 등을 이해하고 금리, 주식, 부동산 등 다른 재테크 상품들과의 영향 관계를 두루 살펴 투자하는 것이 바람직하다.

CHAPTER

07

부동산 경매

부동산 경매

1 경매란

경매는 사경매와 공경매로 구분된다. 공경매는 국가 기관이 주체가 되어 실시하는 경매를 말한다. 사경매는 개인이 주체가 되어 실시하는 경매로 공경매와 대응되는 개념이다. 사경매는 주로 수산물 시장, 농산물 시장, 그림 경매 등에서 이루어진다.

과거에는 경매에 대한 인식도 좋지 않았고 경매 참여자들도 부동산업에 종사하거나 이해관계가 있는 사람들이 주로 참여했다. 경매 물건에 관한 정보도 법원에 직접 가서 열람했기 때문에 크게 불편했다. 그러나 지금은 경매

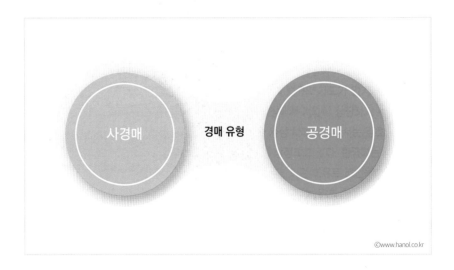

경매 유형

©www.hanol.co.kr

에 대한 인식도 많이 바뀌었고 IT 산업의 발전으로 모든 정보 수집, 분석 등을 인터넷을 활용하여 쉽게 할 수 있어 많은 사람이 참여하고 있다. 특히 젊은 사람들 중에 경매를 전문적으로 하는 사람들이 늘어나고 있다.

| 부동산 경매

| 그림 경매

경매는 채무자가 채무를 갚지 못할 경우 채권자가 돈을 회수하기 위해 법원에 경매 신청을 하고 법원이 채무자의 부동산을 강제로 매각하는 것을 말한다. 부동산 경매는 입찰자들이 법원을 직접 방문하여 입찰에 참여하며 입찰 가격을 입찰 신청서에 적어 넣는 방식이다. 부동산 경매는 주로 근저당, 압류 등을 원인으로 하며 부동산 공개 매각으로 이루어진다.

법원 경매는 민사 소송에 의거하여 채권자가 법원에 강제 매각 의뢰를 했을 경우에도 동일한 방법으로 진행되며 최고가의 입찰 신청서를 제출한 사람에게 부동산을 매각하는 경쟁 입찰 방식이다. 반면에 공매는 자산관리공사(KAMCO)가 세금 미납자들의 재산을 국세 징수법에 의거하여 처분하는 것으로 인터넷을 통해 진행한다.

비업무용 부동산 공개 매각은 부동산을 공개 매각하는 경우를 말하는데, 비업무용 부동산 공개 매각은 자산관리공사에서 공개 매각한다. 금융 기관이

취득한 담보 부동산과 기업이 업무를 목적으로 취득하였으나 사용하지 않고 있는 부동산을 경매한다.

2 경매의 특징

부동산 경매의 가장 큰 장점은 일반 부동산 매매보다 저렴한 가격으로 구입할 수 있다는 것이다. 또한 경매 시장 상황이 좋으면 좋은 대로 나쁘면 나쁜 대로 전략적으로 접근할 수 있다. 지금처럼 부동산 가격이 폭락할 때는 매물이 증가하고 좋은 물건이 많이 나와 좋은 기회가 될 수 있다. 경매의 특징을 살펴보면 다음과 같다.

첫째, 저렴하다. 부동산 경매의 가장 큰 매력이다. 1억 원짜리 아파트를 7~8천만 원에 살 수 있다. 특히 부동산 가격이 폭락하면 역세권에 있는 좋은 아파트를 싸게 매입할 수 있는 절호의 기회이다.

둘째, 안전하다. 법원에서 주관해서 경매를 진행하기 때문에 감정 평가나 절차상에 아무런 문제가 없다. 만약에 법원의 귀책 사유로 문제가 생기면 법원이 책임진다. 가장 주의할 점은 국가 기관(법원, 캠코)에서 주체가 되어 진행하는 경매라 할지라도 최종적인 책임은 본인에게 있다. 법원은 경매 물건과 관련된 모든 정보를 경매 참여자에게 제공하는데 이것에 대한 판단(기대 수익, 위험)은 참여자 몫이라는 의미이다.

셋째, 매물 선택이 다양하다. 경매로 진행되는 물건은 없는 물건이 없다고 해도 과언이 아니다. 핵심은 수많은 물건 중에서 옥석을 가려내는 일이다. 경매를 하다 보면 좋은 물건(수익성)을 고르는 일이 얼마나 중요한지를 알게 된다.

넷째, 명도의 난이도이다. 경매에서 가장 힘든 부분이 바로 명도이다. 명도란 낙찰받은 부동산에 살고 있는 소유자나 임차인, 기타 점유자 등을 내보내는 행위이다. 그러나 요즘은 인도 명령 제도가 생겨 명도 소송 없이 강제 집행할 수 있다. 가장 좋은 방법은 낙찰자와 거주자가 이사 비용 등을 타협하는 것이다.

다섯째, 시간이 오래 걸린다. 일반 매매로 아파트를 구입할 경우 소유권 이전까지 1~1.5개월이 걸리지만, 경매는 4~5개월의 시간이 필요하기 때문에 이를 고려하여 자금 계획 등을 세워야 한다.

3 경매 용어

- 경매(競賣): 법원을 통하여 부동산을 매각하는 것
- 공매(公賣): 조세 체납으로 자산관리공사(KAMCO)가 부동산을 매각하는 것
- 임의 경매: 담보권(저당권, 전세권) 실행을 위한 경매
- 강제 경매: 채무 명의, 가압류, 임차권 등에 의한 경매
- 경매 개시 결정: 법원이 경매 절차를 개시한다는 결정을 등기부등본에 기재하는 것
- 사건 번호: 경매 물건 관리를 위해 부여한 번호
- 송달: 소송의 진행 상태를 이해관계인에게 알리는 통지문[이해관계인: 경매 신청권자, 배당 요구권자, 소유자(채무자), 임차인 등]
- 유찰: 낙찰이 안 된 경우
- 배당 요구의 종기 결정: 이 기일 내에 배당을 요구해야 배당됨
- 인도 명령: 대금 납부 후 6개월 이내에 소송 없이 집행할 수 있는 명령
- 명도 소송: 소송을 제기한 후 승소 판결을 받아 강제 집행 실시
- 제시 외 부동산: 미등기된 채무자 소유의 부동산
- 경매 외 부동산(입찰 외 부동산): 경매에 포함되지 않은 부동산
- 토지 별도 등기: 집합 건물의 경우 별도의 토지 등기부등본이 있는 것

- 임차권 등기 명령: 임차권 등기를 할 수 있는 권리
- 대항력: 임차인이 제3자에게 주장할 수 있는 권리
- 법정 지상권: 법률상 당연히 인정되는 토지 이용권
- 유치권: 당해 부동산에 관해 발생한 채권을 변제 받을 동안 점유할 수 있는 권리
- 대위 변제: 제3자의 채무를 변제하고 그 채무자에 대한 구상권 취득

4 경매 절차

경매 절차란 경매의 목적물을 압류하여 현금화한 다음 채권자의 채권을 변제하는 절차를 말한다. 부동산 경매는 일반적으로 채권자의 경매 신청 → 법원의 경매 개시 결정 → 배당 요구의 종기 결정 및 공고 → 매각의 준비 → 매각 방법 등의 공고 → 매각 실시 → 매각 허가 결정 → 매각 대금 납부 → 소유권 이전 등기 등의 촉탁 → 부동산 인도 명령 → 배당순으로 진행된다.

법원은 경매 신청서가 접수되면 그 신청서와 첨부 서류를 검토해서 경매 개시 여부를 결정하는데, 경매 개시가 결정되면 등기관에게 경매 개시 결정의 등기를 촉탁한다. 경매 개시 결정을 하면 법원은 해당 부동산을 매각하기 위한 조치를 한다. 우선 부동산의 매각으로 금전 채권의 만족을 얻게 될 채권자와 조세, 각종 공과금을 징수하는 공공 기관에 정해진 기일까지 배당 요구를 할 것을 공고해서 배당 요구의 신청을 받는다.

또한 경매 부동산을 현금화하기 위해 집행관에게 부동산의 현상, 점유 관계, 차임(借賃) 또는 보증금의 액수와 그 밖의 현황에 대해 조사하도록 명하고, 감정인에게 부동산을 평가하게 한 후 그 평가액을 참작해서 최저 매각 가격을 정한다. 이 과정에서 작성된 매각 물건 명세서, 현황 조사 보고서 및 평가서는 그 사본을 매각 기일 또는 입찰 개시일 1주일 전까지 법원에 비치해서

🌱 경매 절차

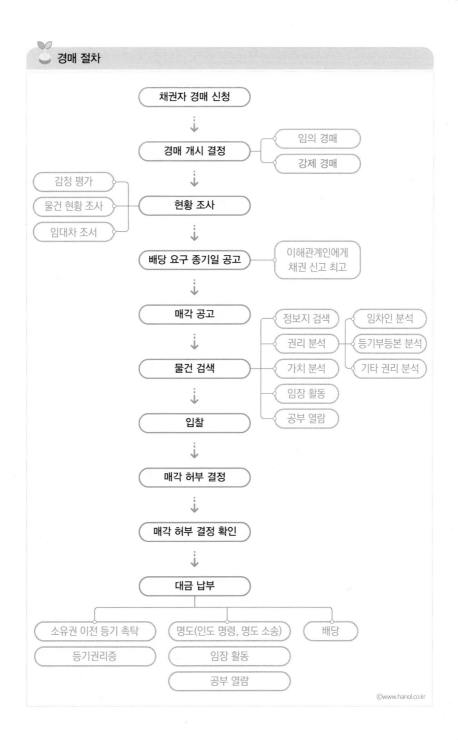

채권자 경매 신청
↓
경매 개시 결정 — 임의 경매 / 강제 경매
↓
감정 평가 / 물건 현황 조사 / 임대차 조서 — 현황 조사
↓
배당 요구 종기일 공고 — 이해관계인에게 채권 신고 최고
↓
매각 공고
↓
물건 검색 — 정보지 검색 / 권리 분석 / 가치 분석 / 임장 활동 / 공부 열람 — 임차인 분석 / 등기부등본 분석 / 기타 권리 분석
↓
입찰
↓
매각 허부 결정
↓
매각 허부 결정 확인
↓
대금 납부 — 소유권 이전 등기 촉탁 / 등기권리증 — 명도(인도 명령, 명도 소송) / 임장 활동 / 공부 열람 — 배당

©www.hanol.co.kr

누구나 볼 수 있도록 하고 있다. 그다음에는 기입 입찰 또는 기간 입찰 중 매각 방법을 정하고 매각 기일 등을 공고한다.

법원은 매각 기일과 매각 결정 기일을 정해서 법원 게시판, 관보·공보 또는 신문이나 전자 통신 매체를 이용해서 공고한다. 경매에 참여하려는 사람은 이 경매 정보를 토대로 관심 물건을 선정한 뒤 그에 대한 권리 분석과 현장 조사를 실시해서 입찰에 참여할 물건을 최종적으로 결정한다.

이후 입찰자는 법원에서 지정한 매각 방식에 따라 기일 입찰 또는 기간 입찰에 참여하며 입찰이 종료된 후에는 입찰자를 참여시킨 상태에서 집행관이 입찰표를 개봉한다. 개찰 결과 최고가로 매수 신고를 한 사람(최고가 매수 신고인)이 있으면 집행관은 그 최고가 매수 신고인의 성명과 그 가격을 부르고, 차순위 매수 신고를 최고(催告)한 뒤 적법한 차순위 매수 신고가 있으면 차순위 매수 신고인을 정해 그 성명과 가격을 부른 다음 매각 기일을 종결한다고 고지한다.

최고가 매수 신고인과 차순위 매수 신고인이 결정되면 이들을 제외한 다른 입찰자는 매수의 책임을 벗게 되므로 즉시 매수 신청 보증금을 돌려줄 것을 신청해 매수 신청 보증금을 반환받을 수 있다.

최고가 매수 신고인이 정해지면 법원은 매각 결정 기일을 열어 이해관계인의 의견을 듣고 법에서 정한 매각 불허가 사유가 있는지를 조사해서 매각 허가 결정 또는 매각 불허가 결정을 한다. 매각 결정 허가가 확정되면 매수인(낙찰자)은 지급 기간 내에 매각 대금을 지급해야 한다. 매수인이 이 기한 내에 매각 대금을 지급하지 못하면 법원은 차순위 매수 신고인에 대한 매각 허가 결정을 하거나 재매각 결정을 하는데, 이 결정이 이루어지면 매수인은 입찰 참여 절차에서 제공한 매수 신청 보증금을 반환받을 수 없다.

매수인은 매각 대금을 모두 낸 때에 매각의 목적인 권리를 취득한다. 매각의 목적이 소유권인 경우에는 매수인 앞으로 소유권 이전 등기가 되는 한편,

매수인이 인수하지 않는 권리 및 경매 개시 결정 등기를 말소 등기한다. 매수인이 소유권을 취득했음에도 불구하고 채무자, 소유자 또는 부동산 점유자가 부동산을 인도하지 않으면 매수인은 법원에 부동산 인도 명령을 신청할 수 있다. 부동산 인도 명령의 신청은 매각 대금을 낸 뒤 6개월 이내에만 할 수 있으며, 주택임대차보호법에 의한 대항력을 갖춘 경우 등 점유자가 매수인에게 대항할 수 있는 권원이 인정되는 때에는 할 수 없다.

매수인이 매각 대금을 지급하면 법원은 배당 절차를 밟아야 하는데, 즉 배당 기일을 정해서 이해관계인과 배당을 요구하는 채권자에게 이를 통지하고, 채권자와 채무자가 볼 수 있도록 매각 대금, 채권자 채권의 원금, 이자, 비용, 배당의 순위와 배당의 비율이 기재된 배당표 원안을 미리 작성해서 배당 기일의 3일 전에 법원에 비치한다. 배당 기일에는 출석한 이해관계인과 배당을 요구한 채권자의 합의에 따라 배당표를 정정하고, 이들을 심문해서 배당표를 확정한 후 그 배당표에 따라 배당을 실시한다. (출처: 장희순 외1(2020), 《부동산 용어 사전》, 부연사, https://www.easylaw.go.kr/CSP/CnpClsMainBtr.laf?csmSeq=306&ccfNo=1&cciNo=1&cnpClsNo=3)

⑤ 부동산 경매의 성공 전략

앞서 부동산 투자 성공 전략에서 언급했듯이 부동산 투자에 성공하기 위해서는 본인의 욕심보다는 부동산 시장의 전반적인 상황을 파악하고 그 지역의 현재 상황 분석을 통해 미래를 예측하는 것이 중요하다. 특히 경매는 부동산 시장이 폭락할 경우 더욱 유효한 수단이다. 즉 좋은 부동산을 싸게 매입할 기회이다. 그러나 위험 요소가 곳곳에 도사리고 있기 때문에 전문적인 판단을 할 수 있어야 한다. 예를 들면, 아파트를 경매로 구매할 경우 가장 중요한 체크포인트는 기준 권리 및 권리의 소멸 여부이다. 만약에 선순위 세입자

가 있으면 대항력이 있기 때문에 낙찰자가 물어줘야 한다. 그래서 이를 고려해서 입찰가를 정해야 되는데 가끔 초보자들이 실수하는 경우가 있다.

경매의 성공 전략은 다음과 같다.

첫째, 좋은 경매 물건을 찾는 일이다. 대법원에서 제공하는 경매 정보 사이트나 사설 경매 정보 사이트에 수많은 물건들이 올라와 있다. 이 중에서 싸고 좋은 물건, 즉 수익을 많이 낼 수 있는 물건을 검색하는 것은 결코 쉬운 일이 아니다. 필자는 이 부분을 가장 중요하게 본다. 일차적으로 좋은 물건이냐 나쁜 물건이냐를 판단해야 시간도 절약할 수 있고 많은 물건을 살펴볼 수 있다. 그러기 위해서는 반복 학습과 경험을 바탕으로 나름대로 선정 기준을 정하는 것이

필요하다. 아니면 본인이 잘 알고 있는 특정 지역을 정해 놓고 그곳을 집중적으로 연구하면 좋은 결실을 맺을 수 있다.

둘째, 입찰 타이밍(timing)이다. 경매는 어느 시점에 참여하느냐가 중요하다. 타이밍을 잘 잡기 위해서는 경매 물건에 대한 가치 분석, 권리 분석, 시세 파악, 임장 활동 등을 통해 냉철하게 평가하여 입찰 시점과 입찰 가격을 결정해야 한다. 그리고 경매 당일 현장 분위기에 휩쓸려 입찰 가격을 올리는 경우가 있으므로 신중해야 한다.

예를 들면, 감정가 1억 원짜리 아파트를 경매로 매입하고 싶다면 얼마에 낙찰받을 것인가를 정확하게 분석해야 한다. 이를 위해서는 객관적인 정보나 자료를 바탕으로 가치를 분석하고 권리 관계에 문제가 없는지, 감정가는 적

절한지, 시세는 얼마인지 등을 철저하게 분석해야 한다. '좋다, 나쁘다' 또는 '싸다, 비싸다'는 식의 감성적인 판단은 금물이다. 자칫 가치 분석을 잘못해서 시세보다 비싸게 구입하는 경우가 종종 있기 때문이다.

셋째, 감정 가격의 특징을 알아야 한다. 법원은 경매 물건에 대해 감정 평가 기관에 감정 평가 및 조사를 의뢰하고 그 결과를 바탕으로 경매를 진행한다. 감정 평가는 해당 부동산의 현재 가치로 정해지는데 부동산 물건에 따라 차이가 있다. 예를 들면, 아파트의 경우에는 시세의 90%, 빌라 80~90%, 오피스텔 80~90% 수준이다. 그런데 토지의 감정가는 시세와 차이가 크게 나는 경우가 대부분이다. 같은 지역에 있더라도 도로와 접하고 있는지와 토지 용도 등 물건마다 개별성이 강해 공동 주택에 비해 평가액을 산정하기도 어렵다. 이러한 감정 평가의 특징을 역이용하는 것도 하나의 방법이다.

대개 시세는 주변 시세와 해당 주택의 거래 사례, 위치적 특징, 주변 생활 환경, 건축 시기 등을 고려해 거래가 성사된다. 경매의 감정 평가도 이와 유사하게 해당 건물의 거래 사례, 유사 건물의 거래 사례, 건축 시기, 주변 시세 등을 종합적으로 감안하여 평가한다. 특히 감정 평가 시점과 경매 낙찰 시점이 다르기 때문에 그 기간 동안에 가격 변동이 있을 수 있으므로 이를 고려해야 한다. 예를 들면, 지금(6월) 경매가 진행되고 있는 물건이라면 감정 평가 시점은 지금으로부터 6개월 이전에 했을 가능성이 크다. 만약에 지금 아파트 가격이 폭락했다면(3억 원) 감정 평가액은 훨씬 더 높을(4억 원) 것이다. 반면에 지금 아파트 가격이 폭등했다면 6개월 전의 감정 평가액이 지금보다 훨씬 낮기 때문에 이를 고려하여 입찰가를 정해야 한다.

넷째, 자금 계획이다. 부동산을 낙찰받을 욕심이 앞서 자금 계획을 세우지 않거나 대략 얼마 정도 대출을 받을 수 있을 것이라고 예상하고 낙찰받았다가 낙찰 대금을 납부하지 못해 낭패를 보는 경우가 종종 있다. 예를 들면, 아

파트를 낙찰받고 그 물건을 담보로 담보 대출을 받아 낙찰 대금을 납부하려는 계획을 세우는 경우가 많은데, 요즘 주택 담보 대출이 만만치 않다. LTV(주택담보 비율)는 기본이고 DSR(총부채 원리금 상환 비율)까지 보기 때문에 생각했던 것보다 대출이 훨씬 적게 나오는 경우가 대부분이다. 낙찰을 포기하면 계약금 10%는 돌려받을 수 없다.

다섯째, 경매의 함정(risk)을 알아야 한다.

경매는 물건에 따라 크고 작은 위험 요소가 있을 수밖에 없는데, 권리 분석을 통해 100% 확인해야 한다. 그중에서 내가 해결할 수 있는 위험도 있지만 도저히 해결할 수 없는 물건도 있다. 따라서 경매는 이러한 위험을 해결할 수 있다면(위험을 줄이거나) 그만큼 수익이 커진다. 특히 요즘은 경매가 대중화되어 참여자들이 많아 경쟁이 치열하다. 다른 물건에 비해 위험이 적은 아파트의

LTV(주택 담보 비율)/DSR(총부채 원리금 상환 비율)

LTV는 Loan To Value의 약자이며 담보 대출을 받을 때 인정받을 수 있는 담보의 가치를 말한다. 예를 들면, 시세 1억 원의 주택을 매매할 때 조건에 따라 대출금이 차이가 난다. 무주택자의 대출 가능 금액은 7천만 원, 2주택자 이상의 대출 가능 금액은 6천만 원이다. 여기에다가 DSR을 적용하면 대출받을 수 있는 금액은 더욱 줄어든다.

DSR(총부채 원리금 상환 비율)은 Debt Service Ratio의 약자이다. 본인의 모든 대출(주택은 물론이고 상가, 토지, 차량 할부, 신용 대출 등)의 원리금과 연간 소득과의 비율이다. DSR을 적용하면 실제 대출받을 수 있는 금액이 예상보다 줄어든다. 실전에서는 이 부분까지 은행에 확인해보고 자금 계획을 세워야 한다.

출처: 네이버 지식백과

경우 낙찰가가 거의 시가에 버금간다. 경매는 저렴하게 매입하는 것이 장점이기 때문에 거의 시가로 낙찰을 받았다면 무의미한 것이다. 거기다 추가 비용과 명도 등을 고려하면 오히려 시세보다 비싸게 매입한 꼴이 된다.

한편, 경매 참여자는 경매 물건의 가치와 권리를 분석해서 결정해야 하는데, 곳곳에 위험 요소가 있을 수 있다. 이 위험 요소를 경매 참여자가 추정하여 판단해야 하므로 전문 지식과 경험이 필요하다. 그리고 문제가 생길 경우 그것에 대한 책임은 오로지 본인이 져야 한다. 따라서 경매는 반드시 전문적인 지식이 필요하다. 아니면 스터디 그룹을 만들어 동반자들과 같이 연구하면서 서로 정보를 공유하고 위험을 크로스 체크해주는 것도 하나의 방법이다. 아파트의 경우 조세 채권과 임금 채권, 선순위 세입자 여부(대항력), 관리비 연체, 위장 세입자, 가처분 등기 등을 철저하게 확인해야 한다. 처음에는 이런 것에 대한 판단이 쉽지 않다.

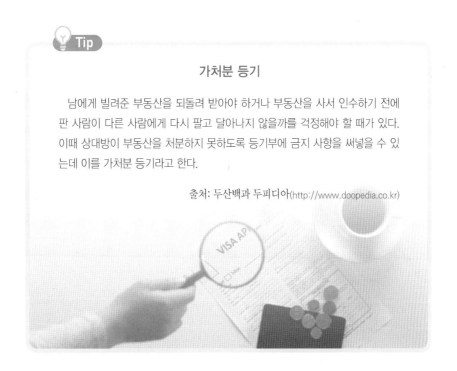

Tip

가처분 등기

남에게 빌려준 부동산을 되돌려 받아야 하거나 부동산을 사서 인수하기 전에 판 사람이 다른 사람에게 다시 팔고 달아나지 않을까를 걱정해야 할 때가 있다. 이때 상대방이 부동산을 처분하지 못하도록 등기부에 금지 사항을 써넣을 수 있는데 이를 가처분 등기라고 한다.

출처: 두산백과 두피디아(http://www.doopedia.co.kr)

여섯째, 경매에서 가장 어려운 것이 바로 명도(인도 명령 또는 명도 소송)이다. 과거에는 실제로 난이도가 높아 애를 많이 먹었다. 그러나 지금은 명도 소송 없이 세입자를 내보낼 수 있는 제도가 생겼기 때문에 크게 걱정하지 않아도 된다. 명도는 토지, 건물과 같은 부동산, 선박의 점유자가 점유권을 타인에게 옮기는 것을 말한다. 민사 집행법의 법문상에서는 명도라는 용어 대신 인도라는 용어를 사용하고 있다. 명도 소송은 부동산 소유자 등이 부동산을 점유하고 있는 자를 상대로 부동산을 인도받기 위해 제기하는 민사 소송을 말한다. 명도 소송에는 긴 시간과 많은 경비 지출이 따른다. 심리적 스트레스도 받는다.

한편, 부동산 인도 명령은 매수인이 대금을 낸 뒤에 6개월 이내에 신청하면 법원이 채무자나 소유자 및 부동산 점유자에 대하여 부동산을 매수인에게 인도하도록 하는 명령이다. 인도 명령을 신청한 경우 이에 대해 임차인과 타협을 보는 것이 바람직하며 명도 소송은 그 후에(타협이 안 될 경우) 진행하는 것이 좋다.

일곱째, 사후 관리이다. 경매의 사후 처리는 크게 잔금 납부와 명도이다. 명도는 위에서 다루었지만, 그 이외에도 소소하게 처리할 것들이 있다. 잔금 납부는 최고가 매수인으로서 낙찰 대금을 기한 내에 납부하는 것 외에도 기존 점유자가 내야 할 관리비나 공과금을 대신 처리하는 것

| 이사 비용 합의

을 말한다. 그리고 명도는 점유자를 내보내고 소유자로서 권리를 행사하는 것이다. 낙찰자 입장에서는 돈을 적게 들이고 점유자를 빨리 내보내는 것이 관건이다.

　예를 들면, 자신이 아파트를 낙찰받았다면 지금 살고 있는 세입자를 내보내는 일이 걱정스럽다. 그러나 막상 세입자를 만나보면 세입자는 세입자대로 혹시 이사 비용도 못 받고 쫓겨나지나 않을까 걱정하고 있다. 그렇기 때문에 만나서 얘기해보면 결국에는 이사 비용을 얼마 해줄 수 있느냐로 귀결된다. 단지 비용 측면에서만 보면 강제 집행할 때보다 이사 비용이 더 들어갈 수 있다. 그러나 물건의 인수 시기가 빨라지고 마음도 편안하다. 이때 중요한 것은 합의서는 꼭 작성해야 한다.

　명도 후 물건을 인수받으면 모든 경매 절차는 종결된다. 경매 물건은 좋지 않다는 선입견도 불식시키고 물건의 가치도 높이기 위해 인테리어를 하는 것도 하나의 방법이다. 부동산도 소유자와의 궁합이라는 것이 있다. 애정을 갖고 변화를 주자. 부동산을 싸게 낙찰받아서 좋은 물건으로 만드는 것도 능력이다. 즉 개인차가 크다.

CHAPTER

08

풍수지리

CHAPTER 08 풍수지리

1 풍수지리란

풍수지리(風水地理)는 수천년 동안 경험을 토대로 땅이 인간 생활에 미치는 영향력을 통계적으로 정리한 것으로 자연 과학이자 생활 과학이다. 한마디로 자연과의 조화 또는 균형 감각이라고 할 수 있다. 결국 조화된 풍토와 자연환경은 풍수가 궁극적으로 찾아내고자 하는 이상이라고 할 수 있다.

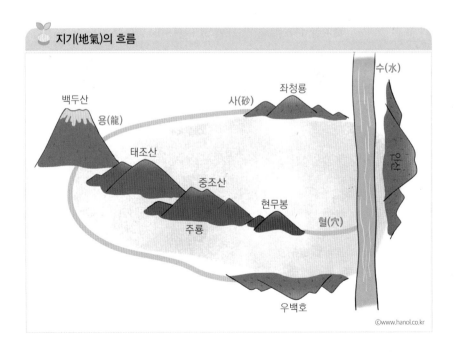

지기(地氣)의 흐름

©www.hanol.co.kr

한편, 명당은 분지 지형을 한눈에 바라볼(조망) 수 있는 자리를 말하며 산에서 분지 지형으로 내려가는 요충지에 위치한다. 즉 산맥이 물을 만나 행룡을 멈춘 곳이다. 좌청룡, 우백호로 둘러싸여 있으며 그 사이로 하천이 흐르는 배산임수의 여건을 갖춘 곳이다. 배산임수는 뒤의 산은 차가운 바람을 막아주고 앞의 물은 사람의 생존에 꼭 필요함을 뜻한다.

풍수지리는 좋은 묏자리를 찾는 음택 풍수와 취락, 집터, 절터를 평가하는 양택 풍수로 나눌 수 있으며 음양오행설에 그 근원을 두고 있다. 오행설에서는 산의 형태를 화(火), 수(水), 목(木), 금(金), 토(土)로 분류하여 해석한다. 산에 지기(地氣)가 물을 만나 열매가 맺히는데, 그곳을 혈(穴)이라 한다. 즉 혈을 맺은 평평한 지형을 명당이라 부르며 혈과 명당은 풍수에서 가장 중심이 되는 요소이다.

풍수지리의 목적은 첫째, 땅의 자연현상을 합리적으로 이해하여 인간의 발전과 행복을 추구하는 데 있다. 둘째, 사람이 살기에 좋은 지기를 가진 땅을 찾는 데 있다.(명당) 셋째, 산세, 지세, 수세 등을 판단하여 이것을 인간의 길흉화복에 연결시키는 데 있다.

🌱 명당

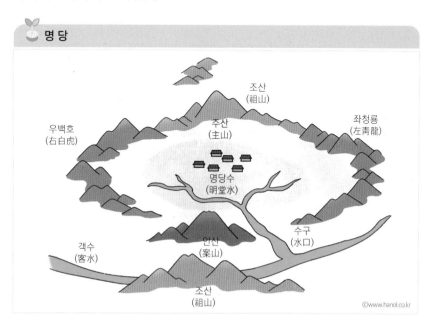

 Tip

명당에 관한 속설(俗說)과 오해

풍수가 이 땅에 널리 퍼지면서 종교와 계층, 학력에 관계없이 풍수를 믿는 사람이나 믿지 않는 사람이나 이로부터 자유로울 수 없게 되었다. 사법 고시에 붙거나 하다못해 로또 복권에 당첨되어도 그 사람의 집터나 선조의 묫자리가 어떤지를 확인하려는 풍수가들이 줄을 잇기 때문이다. 핵가족 사회가 되면서 화장을 선호하고, 먼 데 있는 명당보다 '찾아가기 좋은 곳이 명당'이라는 개념이 확산되어 이제는 명당에 대한 개념 역시 많이 희석되었지만, 아직도 사회 지도층이나 일부 재력가들은 화장보다는 매장을 선호하여 좋은 땅을 찾느라 혈안이다. 이렇듯 아직도 풍수는 우리 사회에서 전면적으로 부정되지는 않고 있으며, 은연중에 기대심을 품는 사람이 많은 실정이다.

출처: 네이버 지식백과

2 형기론과 이기론

(1) 형기론(形氣論)

우리가 사람의 외모를 보고 그 사람의 됨됨이를 판단하는 것과 같은 이치로 산과 물 등 자연의 외적인 모양을 보고 길지를 찾는 방법이다. 즉 형기는 용(龍), 혈(穴), 사(砂), 수(水) 등 풍수지리의 외적 변화를 우선으로 보는 방법이다.

(2) 이기론(理氣論)

우리가 사람의 성격을 살펴보고 그 사람의 됨됨이를 판단하는 것과 같은 이치로 방위와 시간 등의 음양오행 작용을 살펴 길흉화복을 논하는 방법이다. 즉 이기는 용(龍), 혈(穴), 사(砂), 수(水)의 방위를 측정한 다음 음양오행법(陰陽

五行法)을 따져 적법 여부를 판단하는 방법으로 오행은 목(木), 화(火), 토(土), 금(金), 수(水)이다.

③ 지기

땅에는 지기(地氣)가 있고 기가 흐르는 통로를 맥(脈)이라 한다. 지기가 흐르는 산등선을 산맥이라 하고 수기가 흐르는 통로를 수맥이라고 한다. 인체의 기도 맥을 따라 소통되며 맥에 이상이 생기면 기가 흐르지 않고 막혀 죽는다. 좋은 땅이 되려면 지기를 전달해주는 산맥이 좋아야 한다. 기(氣)는 항상 높은 곳에서 낮은 곳으로 흐른다. 전기는 발전소의 높은 전압에서 낮은 전등으로 흐르며 바람은 기압이 높은 곳에서 낮은 곳으로 분다. 지기(地氣) 역시 큰 곳에서 작은 곳으로 흐르므로 큰 산에서 작은 산으로 맥이 연결되어 흐른다.

④ 양택 풍수와 음택 풍수

풍수지리학은 집과 건물의 터를 잡는 양택 풍수와 묫자리를 잡는 음택 풍수로 나눈다. 양택(陽宅)은 산 사람의 거주지다. 음택(陰宅)은 죽은 사람의 안장지(安葬地)이다. 양택지와 음택지를 선정하는 방법은 크게 다를 것이 없으나 양택지가 음택지에 비해 보국(保局)이 크다. 즉 양택(陽宅) 풍수는 산 사람이 생활할 집에 관련된 것으로 생기, 천기, 지기와 관련이 있고, 음택(陰宅) 풍수는 죽은 자를 안장할 묘지에 관한 것으로 땅의 기운이 중요하다.

좋은 터를 고르는 이론이나 방법은 둘 다 같다.
❶ 용세론(龍勢論): 산줄기인 용맥을 통해서 지기를 전달
❷ 혈세론(穴勢論): 용맥으로부터 전달받은 지기를 한곳에 모음

③ **사격론**(砂格論): 지기가 바람으로부터 흩어지지 않도록 주변 산들이 감
싸줌

④ **수세론**(水勢論): 지기를 가두고 멈추게 함

⑤ **향법론**(向法論): 좋은 천기를 받을 수 있도록 좌향 결정

명당 자리를 찾는 방법은 같다. 다만 보국(保局)과 혈(穴)의 크기에 따라 음
택지, 양택지로 구분한다. 부동산 투자를 할 때 풍수지리를 이해하고 판단하
면 좀 더 좋은 조건의 물건을 매입할 수 있고, 안 좋은 조건의 물건은 피할 수
있다.

양택 풍수/음택 풍수

★ 좋은 집터 고르는 법

- 양택: 좌향, 주택의 구성, 명궁, 조옥, 조원
- 좌향: 집의 위치와 방위
- 주택의 구성: 대문(기출입구: 입), 안방, 부엌
- 조옥: 집의 높낮이 적당
- 조원: 길을 내고 우물을 파고 나무를 심는 데 음양 맞춤
- 명궁: 집과 주인과의 관계
- 좋은 집(등급): 지기+집에서 생겨나는 지상의 기+그 집에서 생활하는 사람으로부터 나오는 기
- 향(向): **남향**(북향과 서향보다 낫다)

* 동쪽이 낮고 서쪽이 높아야 아침의 밝은 기운을 받고 쇠락하는 기운을 빨리 내보낸다.
* 북쪽이 높아야 북서풍으로 인한 냉기를 방지한다.

★★ 길한 땅/흉한 땅 고르는 법

길한 땅

- 순하고 깨끗한 땅이 사람 살기에 좋다.

- 배산임수를 살핀다.

- 청룡, 백호 등 보국을 살핀다.

- 산들의 모양이 단정하고 깨끗한지를 살핀다.

- 산의 면배((面背: 앞면과 뒷면)를 살펴 앞면을 선택한다.

- 지맥을 받은 땅이 좋다.

- 물이나 도로가 감싸주는 안쪽을 선택한다.

- 집 앞이 평탄해야 한다.

- 햇볕을 잘 받은 지형이어야 한다.

흉한 땅

- 골바람을 받는 땅이다.

- 물이 곧장 치고 들어오거나 배반하는 땅이다.

- 험준한 산이나 바위가 있다.

- 산등성이가 날카롭게 찌르는 곳이다.

- 깨지고 부서진 땅이다.

- 뒤가 낮고 앞이 높으면 항시 불안한 곳이다.

- 경사가 급한 곳은 재물을 잃는 곳이다.

- 홀로 돌출된 곳은 흉하다.

- 도로 아래는 재앙이 끊이지 않는다.

- 절벽과 낭떠러지는 재난과 불행이 닥친다.

- 골짜기는 건강과 재물을 잃는다.
- 주변에 폭포 소리가 들리면 줄초상이 난다.
- 자갈, 모래, 황토 땅은 지기를 얻을 수 없다.
- 매립지는 악취와 유독 가스, 수맥 등으로 건강을 해친다.
- 신전, 재단, 사당, 성황당, 묘지, 전쟁터 등은 양택지로 좋지 않다.
- 대로변이나 교차로가 있는 곳은 주택지로 좋지 않다.
- 큰 나무 밑의 택지는 좋지 않다.
- 고압 전류가 흐르는 철탑 근처의 택지는 위험하다.
- 산을 절개한 땅은 재물이 흩어지고 정신병에 걸리기 쉽다.
- 점토가 많아 질퍽거리는 땅은 질병에 걸리기 쉽다.
- 큰 도로를 끼고 있는 집이나 아파트는 좋지 않다.(바깥쪽 음의 기운이 많은 집: 밝은 색상)
- 막다른 집이나 복도식 아파트의 맨 끝 집이다 → 의욕 저하, 신경질적인 성향(현관에 거울을 걸어 둠, 덧문 → 음의 기운 약화)
- 집 안 내부에 수석이 있다 → 여름에 온도를 높이고 겨울에 땅의 온도보다 더 차가워지기도 하는 물질(의견 충돌, 2~3개 정도)
- 동물 박제가 있다.
- 담이 집에 비해 높다.(통풍이 잘 될 경우 괜찮음)
- 침실 가까이 나무가 있거나 많으면 좋지 않다 → 채광, 태풍, 습하고 음지, 해충(정원수: 산소 배출, 탄산가스 흡입 → 밤에는 반대)
- 경매로 나온 집이다 → 도배, 인테리어 등으로 개선, 주인과의 궁합이 있다.

참 고 문 헌

- 김규배 외 9인, 소비자행동론, 박영사(2022)
- 김상수 외 1인, 창의적 문제해결과 의사결정, 청람(2013)
- 김성택, 개인과 기업의 사회적 책임(CSR), 청람(2015)
- 김양렬, 의사결정론, 명경사(2012)
- 금진호 외 2인, 스마트한 투자학, 양성원(2021)
- 금진호 외 4인, 문제해결능력. 양성원(2019)
- 노태욱 외 4인, 재테크: 이론과 실제, 강남대학교 출판부(2006)
- 류경민 외 5인, 창업의 이해, 청람(2017)
- 박광열 외 3인, 블록체인 세계의 이해와 응용, 한올(2019)
- 박내회, 조직행동론, 박영사(2007)
- 박일순, 소자본창업론, 훈민사(2009)
- 박일순, 진로탐색과 인생설계, 한올(2016)
- 박일순, 자기계발과 인성함양, 한올2019)
- 박연호 외 2인, 현대인간관계론, 박영사(2013)
- 신동기, 워런 버핏의 투자원칙, 시아(2021)
- 양남하, 손익분기점과 현금흐름의 경영, 신론사(2000)
- 이광회 외 2인, 돈, 아는 만큼 보인다. 21세기북스(2004)
- 이재희 외 1인, 문제해결능력, 양성원(2018)
- 이종택 외 5인, 마이어스 사회심리학, 한올(2015)
- 이형곤 외 1인, 기업가정신과 창업실무, 양성원(2018)
- 정원길 외 1인, 현대인의 생활과 재테크 경영, 한올(2012)
- 최해진, 인간행동의 이해, 두남(2014)
- 최승수, 심리학, 박영사(2015)

인터넷 자료

- 금융감독원, 금융감독용어사전, 부동산 펀드, https://www.fss.or.kr

- 기획재정부, 가처분 소득, http://www.korea.go.kr

- 김대종 교수, 현명한 가상 화폐 투자 방법, e대한경제신문, 2021.6.1., https://www.dnews.co.kr/uhtml/view.jsp?idxno=202105301456555740012

- 김현우 기자, 노후는 자기 자신이 책임져야?, 여성경제신문, 2022. 12. 6., https://www.womaneconomy.co.kr/news/articleView.html?idxno=214308

- 나무위키, 비트코인/블록체인, https://namu.wiki/w/%EB%B9%84%ED%8A%B8%EC%BD%94%EC%9D%B8

- 네이버 지식 백과, 종합주가지수, https://terms.naver.com/entry.naver?docId=72147&cid=43667&categoryId=43667

- 네이버 지식백과, DSR, https://terms.naver.com/search.naver?query=DSR&searchType=text&dicType=&subject=

- 네이버 지식백과, LTV, https://terms.naver.com/entry.naver?docId=18670&cid=43659&categoryId=43659

- 네이버 지식백과, 명당에 관한 속설과 오해, https://terms.naver.com/search.naver?query=%EB%AA%85%EB%8B%B9&searchType=text&dicType=&subject=

- 네이버 지식백과, 역세권, https://terms.naver.com/search.naver?query=%EC%97%AD%EC%84%B8%EA%B6%8C&searchType=&dicType=&subject=

- 네이버 지식백과, 예금자 보호 제도, https://terms.naver.com/entry.naver?docId=930460&cid=43667&categoryId=43667

- 네이버 지식백과, 전환사채/사모사채, https://terms.naver.com/entry.naver?docId=3570170&cid=58781&categoryId=58781

- 네이버 지식백과, 펭귄 효과, https://terms.naver.com/entry.naver?docId=5687144&cid=43667&categoryId=43667

- 두산백과 두피디아, 가처분 등기, https://www.doopedia.co.kr/doopedia/master/master.do?_method=view&MAS_IDX=101013000783014

- 두산백과, 풍선효과, https://terms.naver.com/entry.naver?docId=1528113&cid=40942&categoryId=31611

- 방극렬 기자, 가상 화폐 코인원 전 임원, 21개 코인 시세 조작 가담, 조선일 보, 2023. 5. 23. https://www.chosun.com, https://m.news.nate.com/ view/20230523n00829
- 선우영 기자, '후분양 단지' 높은 분양가 논란…"기름 붓나?", 프라임경제, 2023. 2. 6., http://www.newsprime.co.kr/news/article/?no=592276
- 음소형 기자, 그렇다면 화폐를 찍는 중앙 기구가 없는 비트코인은 어떻게 돈을 발 행할까?, 소비라이프, 2017. 1. 9., http://www.sobilife.com/news/articleView. html?idxno=11587
- 장희순 외1(2020), 부동산 용어 사전, 부연사, https://www.easylaw.go.kr/CSP/ CnpClsMainBtr.laf?csmSeq=306&ccfNo=1&cciNo=1&cnpClsNo=3
- 최원식 박사, 2022년도 가상 화폐 시장 전망, EveryNews, 2022. 3. 8., http:// www.everynews.co.kr/news/articleView.html?idxno=41496
- 한경경제용어사전, 브레이크이븐 레이트, 2022. 12. 21., https://terms.naver.com/ entry.naver?docId=4355599&cid=42107&categoryId=42107
- 햇살파파, 재닛 옐런(Janet Yellen) 미 재무장관 CNBC 인터뷰-재닛 옐런 발언이 이 슈가 된 이유는?, 2022. 4. 2., https://blog.naver.com/othekao/222689697608

성공 예감   재테크 투자

저자 소개

박 일 순

건국대학교 대학원 경영학과 졸업(경영학 박사)

(현)·서경대학교 인성교양대학 교수
- 창업지원센터장
- 혁신기획처 평가기획위원
- 글로벌경영학회 상임 이사
- 한국인적자원개발원 상임 이사
- 융복합지식학회 이사
- 대한미용경영자협회 부회장
- 한국산업경제학회 평생 회원

- 한국정책학회 정회원
- 한국생산성학회 회원
- 한국경영컨설팅학회 회원
- 대한관광경영학회 회원
- 한국창업교육학회 이사
- 대한검도협회 이사
- 국민의당 직능본부 부위원장

주요 저서 및 연구 논문
- 《소자본 창업론》
- 《진로 탐색과 인생 설계》
- 《자기 계발과 인성》
- 《문제 해결 능력》
- 《리더십과 인성》 외
- 《소자본 창업론 Cyber Contents 개발(MOOC)》
- 〈직무 스트레스가 이직의도에 미치는 영향 분석〉
- 〈내부마케팅 활동이 직무만족과 경영성과에 미치는 영향〉
- 〈내부마케팅 활동이 감정노동에 미치는 영향분석: 호텔종업원의 행동유형(DISC)의 차이를 중심으로〉
- 〈소자본 창업과 조직성과에 관한 탐색적 연구〉
- 〈소상공인의 창업 성공요인에 관한 실증연구〉
- 〈소자본 창업자의 특성과 인식에 관한 실증연구〉
- 〈내부마케팅 활동이 고객만족에 미치는 영향에 관한 연구〉
- 〈소자본 창업자의 입지 결정요인에 관한 연구〉
- 〈내부마케팅 활동이 경영성과에 미치는 영향 분석: 매개 효과 및 조절 효과를 중심으로〉
- 〈내부 마케팅이 서비스 품질에 미치는 영향 분석: 종업원 대상 내부 마케팅 활동이 이용 고객의 서비스 품질 지각에 미치는 영향을 중심으로〉
- 〈조직 유효성에 미치는 감정노동의 효과 분석〉 외
- 《소자본 창업 시리즈》 기고
- 《창업전략 시리즈》 기고

주산 공인 8단

성공 예감 **재테크 투자**

초판 1쇄 발행 2023년 8월 25일
초판 1쇄 인쇄 2023년 8월 30일

저　　자 박 일 순
펴 낸 이 임 순 재

펴 낸 곳 (주)한올출판사
등　　록 제11-403호
주　　소 서울시 마포구 모래내로 83(성산동 한올빌딩 3층)
전　　화 (02) 376-4298(대표)
팩　　스 (02) 302-8073
홈페이지 www.hanol.co.kr
e-메일 hanol@hanol.co.kr
ISBN 979-11-6647-383-8

• 이 책의 내용은 저작권법의 보호를 받고 있습니다.
• 잘못 만들어진 책은 본사나 구입하신 서점에서 바꾸어 드립니다.
• 저자와의 협의 하에 인지가 생략되었습니다.
• 책 값은 뒤 표지에 있습니다.

성공 예감 재테크 투자

성공 예감   재테크 투자